肖邦

Chopin

肖邦

Chopin

皮波人物国际名人研究中心 编著

国际文化出版公司

·北京·

图书在版编目（CIP）数据

肖邦/皮波人物国际名人研究中心编著.--北京：
国际文化出版公司，2013.4（2024.2重印）
（名人传记丛书）
ISBN 978-7-5125-0421-9

Ⅰ.①肖…Ⅱ.①皮…Ⅲ.①肖邦，F.
（1810～1849）—传记 Ⅳ.①K835.135.76

中国版本图书馆CIP数据核字（2012）第199536号

肖邦

作　　者	皮波人物国际名人研究中心　编著
责任编辑	杨　华
统筹监制	葛宏峰　刘　毅　刘露芳
策划编辑	周　贺
美术编辑	丁鍈煜
出版发行	国际文化出版公司
经　　销	国文润华文化传媒（北京）有限责任公司
印　　刷	北京一鑫印务有限责任公司
开　　本	700毫米×1000毫米　　16开
	9印张　　　　　　84千字
版　　次	2013年4月第1版
	2024年2月第3次印刷
书　　号	ISBN 978-7-5125-0421-9
定　　价	34.00元

国际文化出版公司
北京市朝阳区东土城路乙9号　　　　　邮编：100013
总编室：（010）64270995　　　　传真：（010）64270995
销售热线：（010）64271187
传真：（010）64271187-800
E-mail：icpc@95777.sina.net

目录

目录

目录

在波兰的日子

家人简介

  18世纪下半叶便开始衰落的波兰曾三次被沙俄、普鲁士和奥匈帝国瓜分，二次大战期间，又饱受战火蹂躏。多难的波兰出现了好多传奇，弗里德里克·弗朗索瓦·肖邦就是众多创造传奇的人物之一。虽然他只是个音乐家，但他是伟大的波兰子民，也是波兰的精神象征。他的《玛祖卡舞曲》和《波兰舞曲》，已成为波兰人民和波兰大平原上的心灵之音，即使他已去世多年，他的音乐所具有的魔力依然存在，使无数群众的灵魂获得了自由和超脱。

  肖邦的音乐所表达出的爱国热情，随着时间的流逝，更被人们所认同，它表达出了人类内心的苦闷与挣扎，让世界更加了解了波兰和波兰人民的心声。有人曾评价说肖邦的作品是波兰有史以来最伟大的艺术成就。那下面我们就来共同品读一下这位举世闻名的音乐家或平凡或传奇的人生历程。

  肖邦出生在1810年3月1日（关于肖邦的真实出生日期目前有争议，他的拉丁文出生文献，即出生证明和教堂受洗记录上记载的是1810年2月22日，但是他的父母与家人都以 3 月 1 日作为他的生日。目前音乐史学界倾向 3 月 1 日为他的正确出生日期），出生在华沙附近一个名叫热拉佐瓦·沃拉的村子。他出生的屋子，现在仍保留着，这座房子长长的，窗户和门廊都长满了花卉和藤蔓。屋子所在的园子附近

肖邦像

有条小溪，夏天，溪水潺潺；冬天，溪水结冰，周围很安静。肖邦在世时，这所房子属于斯卡贝克家族所有，肖邦的父亲尼古拉斯在这里给斯卡贝克家的孩子们当家庭教师。

　　肖邦的父亲尼古拉斯 1771 年出生于法国东部盛产葡萄的洛林省马兰维尔村的农民世家，他家拥有一大片葡萄园，在本地，他们的家族一直很有威望。1735 年，波兰国王斯坦尼斯瓦夫一世曾来过村里。在尼古拉斯还是小孩的时候，他们的村子归一位波兰贵族米开·帕克所有。

　　尼古拉斯从小便与波兰人很熟，与帕克的一些幕僚交往频繁，这些幕僚中有个人叫威德里奇，他专门负责建设和经

营伯爵的产业。尼古拉斯较家中其他人更聪明些，他不想像他们那样知识贫乏，思想陈旧，他一直渴望能有个更广大的生活圈子，成为举世闻名的人物。所以，他在 16 岁那年便把握机会，与威德里奇一起到了波兰。

当时，他已经开始参与帮忙管理帕克的事务和生意了。尼古拉斯虽然年轻，但很受上司的器重与信赖。他善于处理财政问题，还懂得波兰语、法语，后来又精通了德语，这有益于他日后地位的提升。在当时，像他这样出身平凡的人，能有这样的成就，已经让人刮目相看了。

在华沙，尼古拉斯凭借自己计算方面的才能，在一家烟草工厂找到一份工作。后来，他便一直居住在波兰，以免被法国军队征召入伍。

当时法国局势动荡不安，后来爆发了法国大革命，民主、自由之风传遍了欧洲各个地方。相比法国，波兰也是饱经忧患，从 1772 年开始便不断受到沙俄、普鲁士、奥地利的瓜分，只要少许鼓励，便能点燃这个国家的怒火。1794 年春天，当波兰政府军武装抵抗俄国军队时，尼古拉斯终于了解到他的生活步调已经被打乱了。

此时的尼古拉斯对法国失去了兴趣，越发对波兰忠心耿耿，他在波兰人民领袖柯西斯古的领导下，加入了波兰政府军，因战场上表现杰出被晋升为上尉。但可惜的是，这次反侵略运动失败了，华沙被迫割让给了普鲁士，为此，尼古拉斯消沉了一段时间。他没有钱，所就职的烟草工厂也不在了，他想要重回法国，但因生病没能回去。

他曾给朋友写信说，他两度想要回国，都没能成功，还差点死掉，最后他不得不在上帝的意志下低头，决定留下。尼古拉斯一旦下定决心，就非常坚定，他断绝了与祖国的关系，后来他一直不让自己的小孩知道他的出生地是法国，他隐瞒了自己的法国公民身份，和波兰人一样称法国是"外国"。

因为尼古拉斯精通法语和波兰语，这使他能够胜任贵族子弟们的家庭教师。这也是他生命中的另一个转折点。

尼古拉斯于 1802 年担任斯卡贝克家的家庭教师，在这里，他遇见了自己未来的妻子，也就是肖邦的母亲——朱丝蒂娜。她是一个沉默、受过良好教育的女孩，她出身贵族世家，钢琴弹得很好，尼古拉斯也擅长横笛和小提琴，两人在接触中慢慢相爱了。

尼古拉斯与朱丝蒂娜在 1806 年 6 月结婚。他们一共有四个孩子：露易丝、弗里德里克、伊莎贝拉和艾米莉亚。伊莎贝拉对哥哥的天赋引以为荣，她也是姐妹中寿命最长的，在 1881 年去世。艾米莉亚 14 岁便夭折了；在感情与个性上与弗里德里克·肖邦最接近的露易丝，于弗里德里克·肖邦逝世后 6 年去世。

有天赋的小男孩

　　肖邦的父母在他出生后不久搬到了华沙，华沙不算大，当时仍属于"华沙大公"管辖。那时的欧洲正笼罩在拿破仑的阴影下，身处在拿破仑权力所支配的时代里，恐怖和悲剧笼罩在这片土地上。在那样动荡的局势里，华沙如同欧洲大陆的分水岭，正处于孤立的和平中心点上。在1814年到1815年间，拿破仑败亡后，欧洲各国召开了维也纳会议，重新建立饱经战火洗礼、残破不堪的欧洲，多难的波兰也再次被奥地利、俄国和普鲁士三国瓜分，华沙成了俄国占领区的首都。当然这对年幼的肖邦来说并不重要。

肖邦雕像

　　当时肖邦的家庭情况是这样的。父亲尼古拉斯在一所高中教授法文，为了适应城市的发展，让家人过上更愉快的生活，有更丰富的物质享受，他还兼职法文家庭教师的工作。

年幼的肖邦得母亲的遗传，是个文静、充满诗意的小孩。受父亲敏锐的判断力、有逻辑的推理能力的影响，肖邦显得比同龄的孩子成熟很多。而且肖邦接受的教育很好，家庭环境的熏陶使他举止温文儒雅，浑身上下流露出一股自然的高贵气质，他与生俱来的气质让很多人惊讶。

在当时人们对音乐家抱有歧视，例如早期的音乐大师，像巴赫、斯卡拉蒂、海顿等都受雇于富有的贵族世家或教堂。他们的音乐是供上流社会娱乐所用的。直到19世纪贝多芬出现以后，音乐家才得以从这样的桎梏中解脱出来，但听众大多仍限于王室和贵族，音乐家的地位未见提高。在时人的观念里，用艺术吸引人的"钢琴演奏者"与街头卖艺者没什么两样，只不过是普通的表演者，没有哪个绅士会考虑从事这种职业。

然而肖邦从小就表现出了对音乐的喜好。譬如说，他母亲和姐姐露易丝在一架大钢琴前演奏舞曲时，他竟被柔美、清脆的乐声感动得哭泣。后来，他便自己尝试着触动键盘，并为此雀跃不已。

肖邦7岁的时候，父母发现他有音乐上的天赋，便开始为他寻觅老师，他们选择了茨威尼，这位61岁的作曲家成为了肖邦的第一位老师。茨威尼是位负责、能干的老师，在他教肖邦的五年里，他给肖邦灌输了对巴赫和莫扎特作品所持有的永恒的仰慕和尊敬；他还鼓励肖邦探索一些伟大的维也纳作曲家的作品，还有一些在当时还很少被人演奏的较现代化的乐曲。茨威尼的教导奠定了肖邦在音乐方面的稳固基础。

肖邦在学习的时候，除了遵从老师的指导外，也有自己的意愿。练习钢琴时，他喜欢即席演奏或不断作曲自我娱乐，以代替那些枯燥的音阶弹奏和指法练习，但后来在他自己当了老师后，也坚持让学生从有系统的音阶弹奏和指法练习着手。

跟茨威尼学习了几个月，肖邦便开始公开演奏了。1817年年底时，有位名叫亚历山大的人在日记中形容肖邦为"莫扎特的继承者"。

肖邦 7 岁的时候，就受到了广泛的瞩目并被称为神童。1818 年，他举行了自己生平第一场音乐会，这是一场慈善音乐会，期间他演奏了一首协奏曲。据说，当时人们都很关注肖邦，而事后他自己却认为人们注意的是他穿的天鹅绒外套和他的衣领。

不久，他被一些杰出、有名望的波兰人注意到了，这些人中包括皇太子雷兹威尔和波多基。虽然被众人的喝彩所包围，但是肖邦在父母的良好教育下，并没有被惯坏。他的父亲坚持让他进行一般课业学习，从未中断过。肖邦在家时，一直由父亲亲自教他读书写字。父亲不希望爱子走上许多音乐神童后来的那种悲惨的道路，所以对肖邦的教育问题一直都很谨慎。

肖邦跟着茨威尼学习的最初几个月中，便开始尝试着作曲,在1817年11月,他出版了一首简短的《G小调波兰舞曲》。就在这一年,他还在君士坦丁大帝面前演奏了一首《军队进行曲》,让君士坦丁大帝深受感动。大帝还命令自己的军乐队把乐曲记下来,以便以后随时演奏。虽然这首曲子曾被出版过,但好像没有保留下抄本,该曲应该是出自茨威尼之手。

随着一些新作品的陆续产生,肖邦在音乐方面不凡的创作天分越发显露无遗。但是更让人感兴趣的是他还没有学写文章的时候,便学会了写诗。他曾给父亲写了一首诗,做为受洗日的礼物。诗是这样写的:

当世界宣布您的受洗庆典活动时,
父亲啊,它也带给了我欢乐。
祝福您生活在幸福愉快的日子里而无忧无虑,
更愿上帝能如您所愿地施恩于您。
这些祝福都是因您而表达的。

1818年9月,肖邦有幸见识了一位大人物,就是俄皇亚历山大一世的母亲玛丽皇太后,她来华沙访问时,肖邦收到了她的礼物。1819年,肖邦还曾经为意大利的伟大女高音卡塔拉尼伴奏过,后来她送给他一只题字的金表。

肖邦对音乐十分专注,而且自幼经常与到家中拜访他父亲的一些诗人、作家、艺术家保持频繁的接触,但他并没有沾染华而不实或令人沉闷的忧郁气息。

事实上，肖邦活泼、爱喧闹，并不像后来李斯特写的关于肖邦的传记那样，是个"脆弱的、病恹恹的男孩"。他像其他小孩一样幽默、喜欢模仿别人，他经常和玩伴打成一片，他喜欢溜冰，还曾经在冰上摔破了头，他喜欢和周围的女孩子调情取乐，这些总是让他的父亲感到惊愕狼狈。

完美的中学生活

肖邦在 1824 年秋季便进入华沙的中学读书，他曾经给他最亲近的同学威廉写信说："你不是唯一会骑马的人，我也会骑，别管我的骑术如何，但我确实能让马儿慢慢地随心所欲地行走，我恐惧地坐在它的背上，好像一只猴子骑在熊背上。不过目前为止，我还没有跌下来过，因为这匹马没把我摆脱掉；如果它想让我跌下来的话，也许有一天我会真的跌下来。"

15 岁的时候，肖邦向父母汇报自己的身体时说："我的健康情形，就像一条忠心耿耿的狗。"可见当时的肖邦确实是一个快乐、机灵的小孩。

上中学后，他开始接受正规的教育，而音乐成了他的次要功课。他的拉丁语和希腊语虽然还可以，可不管他如何努力，拼音仍没有进步，而且他一生中总是拼错那些外国词。他每到炎热的夏季便到朋友们在乡下的别墅里度假，离开华沙到这些乡村地方，他开始受波兰农人及他们音乐的影响。

1824 年夏天，肖邦与妹妹艾米莉亚一起去度假时，编辑了一份《史查佛拉尼亚快报》，他受到的这些影响都在这份"报纸"专栏里有所显示，这些文章是肖邦住在德瓦诺斯基家族废弃已久的城堡里所写的，德瓦诺斯基的儿子多明尼克是肖邦的同学。在这份"报纸"上，肖邦以生动活泼的笔调表达了他对大自然的了解、对生活的展望，以及他对民族音乐的兴趣。

他借与舞步纯熟利落的专家跳舞的机会，更进一步地观察了玛祖卡舞曲及其他的音乐舞步和韵律，并有了更深刻的认识和了解。肖邦花时间实验和创作这些舞曲，最后成就了他那些令人怀念的钢琴演奏曲的骨干。在华沙贵族的沙龙与舞厅中，他又被那些庄重、欢乐的波兰舞曲所迷，他曾明确表示，自己有生之年将会致力于改变这种形式的波兰舞曲，最后这个实验果然实现了。

1825 年对肖邦的未来是有决定性的一年。5 月，他应邀去华沙音乐学院的大厅，示范演奏一架名为"风神乐器"的新奇钢琴。他即兴演奏，弹奏了一首对他早年作品影响很大的作曲家所作的协奏曲。这场示范演奏给听众留下了极为深刻的印象。几天后，君士坦丁大公的兄弟，也就是俄皇亚历山大一世，要肖邦再次演奏这架新的"风神乐器"，并送给肖邦一枚钻戒作为礼物。

几天后，6 月 2 日，《华沙快报》宣布了肖邦的第一部官方作品《C小调回旋曲》。这首曲子更加深了俄皇对肖邦的印象，很有影响力的皇太子雷兹威尔也为他热烈喝彩。此外，他还受到了当时在欧洲音乐界占据领导地位的德国《莱比锡音乐杂志》的重视。种种事实，足以让肖邦的父母亲相信，他们的儿子已下定决心，要在音乐事业上有一番作为。

肖邦完成回旋曲时，还是个15岁的少年，能做出这么杰出的成就，实在让人惊讶。此时的他已开始研读和声学和平均律之类的乐理书籍。离开茨威尼后，肖邦还跟从约瑟夫·艾尔斯内学习了一些音乐理论课程。艾尔斯内是1821年创立的华沙音乐学院的负责人。让人困惑的是，当时得意非凡的肖邦竟忽略了把主要作品出版的重要性；并且，在迄今为止仍保存的该时期的信函中，也没有提及这些作品。

肖邦在华沙中学上学的最后一年中，专心研读一般的功课，因为他的父亲一直要求他要努力钻研古典文学和数学。在该学年中，他被任命为学校的风琴弹奏者，并且在学校牧师的推崇下，成了全校最重要的人物之一。尽管他没有为风琴谱过任何曲子，但是风琴这种乐器对他的音乐产生了很大的影响，他的风琴演奏技巧也达到了完美的地步。他经常陪伴华沙修道院的牧师去各医院演奏，他通常都穿着最鲜艳的服装，在一些人的陪伴下，演奏生机勃勃的乐曲。但是，离开波兰后，肖邦便很少接触这些乐器了。

毕业那年，他在被白雪覆盖的出生地度过了圣诞节。为了充分利用时间，准备夏季的考试，他回到华沙，这时他很少再花时间为报纸或杂志写文章，也很少从事音乐演奏。他花很多时间与精力专心研读一般学科。7月份的考期到来时，他仍在紧张地熬夜加紧准备考试。这时，他病倒了，肖邦有和母亲一样漂亮的眼睛，和父亲一样似鹰的鼻子，精致的脸上显出了傲慢空洞的神态，他面容憔悴，骨瘦如柴。

7月底，他成功地通过考试的消息传来了，在接受毕业礼物的当天晚上，他和威廉一起去华沙歌剧院听了意大利作曲家罗西尼的歌剧。回家后，他写了一首波兰舞曲，混合编入了威廉最喜爱的一出歌剧的旋律。

1827年初，他便和母亲及两个姐妹去了波兰西部——西里西亚矿泉所在地雷纳尔茨静养。当时妹妹艾米莉亚已经病得非常厉害，在医治无效的情况下，4月便病逝了。雷纳尔茨之行似乎非常沉闷和无聊。他给威廉写信说："他们都说我的气色看起来好了一些，但是我认为自己会长胖，变得与从前一样懒散。"

为了让身体早日康复，他必须要忍受这种单调而沉闷的日子。在这里，他唯一的乐趣就是独自一人在环绕温泉四周的丘陵上，做悠长的散步活动。他说："这些风景宜人的山谷景色常常让我心旷神怡，我真不想从这些丘陵上走下来。"

音乐学院的天才

1826 年 9 月，肖邦回到了华沙，此时他已能自由地按自己所想做事，他决意进华沙音乐学院，并在那里当了三年的学生，接受埃斯纳的指导。埃斯纳独特的教学方法，肖邦早已体验过。

埃斯纳是位成功的"学院派"作曲家，他在用心观察后，了解到不能太刻意地把自己的意愿加在肖邦身上；但最初两年，肖邦对乐理方面，如旋律配合法、和声学、管弦乐曲，以及作曲理论等的不在意，仍让他相当恼怒。

肖邦也逐渐发现自己的情感只有在专为钢琴而写的独特、有创意的乐曲上才能表现无遗。对他来说，刻板、严格地练习写作遁走曲（在一个乐曲中，有一个或一个以上的主题或旋律，在不同部分重复演奏）、弥撒曲或室内乐，是沉闷而无趣的；他对这种拘泥于格式的曲子不感兴趣，所以在这方面，他的表现很不理想。想要把自己的音乐思想导入事先已决定好了的固定形式的音乐格式中，也很困难。

对从小便热爱巴赫和莫扎特等伟大古典乐曲家的肖邦而

言，跟着埃斯纳学习的这段日子是很难挨的。肖邦常利用业余时间，依照自己喜爱的方式，练习谱曲。也没人对他的自由和自然的好奇心加以限制，或对他的技巧表示过怀疑。肖邦自己最偏爱的曲子之一《玛祖卡舞曲》，就是在这种情况下完成的。这首乐曲与波兰民俗音乐悦耳的音调变化有着密切关系。后来，肖邦在他日益成熟的乐曲中，也充分、巧妙地把这些特质发挥得淋漓尽致。

1827 年，肖邦完成了第一首《夜曲》，这曲子是采用了菲尔德首创的"夜曲"形式，再加上他自己的独特风格谱写而成的。

菲尔德是一位爱尔兰作曲家，是钢琴家克莱门蒂的学生，在圣彼得堡定居。他那高雅、剔透的钢琴乐曲及协奏曲，对 19 世纪的许多作曲家都产生了深刻的影响。李斯特 1859 年在巴黎出版了一本《小夜曲》，在序言中，他写出了对菲尔德的崇拜：

> 我常常从这些作品中发掘出魔力。它们拥有丰富的悦耳曲调和精纯的调和感。追溯到我的孩提时代，在我梦想要与这些作品的创作者见面前，我便沉浸在这些柔美得令人如醉如痴的音乐中，每次我总有好长一段时间，在这些充满影响力的乐章中悸动不已。

在该篇文章中，李斯特对肖邦也下了结论：

以"夜曲"为名的音乐中，我们能看得到如同菲尔德附在他们身上，又经他们所传译出的含蓄、宁静、温柔的感情。这种移植力让人惊讶，影响力也超越国界。只有一位天才具备这种风格，他领导着所有热情，又能保留住所有的温柔，并维持均衡。充满了挽歌般的情感，并替他的幻想曲加了一些深沉的悲哀色彩，让年轻人看到了一些令人悲哀震撼的和弦，在这如诗意般的夜曲中，肖邦唱出的，不仅是我们最难以形容的快乐。这种快乐是和谐的根源，并同样产生了令人感到难以安静的迷惑般的激荡。他飞得很高，所以他的翅膀容易受伤，他气质高贵优雅，让人心碎，又若隐若现地隐蔽着他的绝望和痛苦。我们可能永远不能超越这一点，对艺术价值而言，这是无法并驾齐驱的。他在这样的前提下，用他的天赋才能完成这样的作品，是灵感和"夜曲"形式相结合下的杰出产物。

肖邦早年学生时期最重要的作品，是为莫扎特的一出歌剧《唐·乔凡尼》所作的钢琴和管弦乐变奏曲。这首曲子完成于1827年的暑假，肖邦在这首曲子中，用作骨干的主题旋律吸引了许多人，有些作曲家还以它为素材作了不少动人的幻想曲。

1828年，肖邦在华沙扩大了他音乐生活的经验。刚开始，他的注意力几乎完全在罗西尼的歌剧上。罗西尼的音乐造诣曾经让整个欧洲臣服。肖邦对罗西尼的崇拜也达到了如醉如痴的地步。他甚至把罗西尼广受欢迎的曲子旋律谱进了自己的作品中。后来，当伟大的作曲家、钢琴家、音乐教师胡梅尔于1828年到华沙访问时，肖邦抓住机会，聆听了他的演奏。他立刻被胡梅尔的音乐及钢琴演奏的风格所感动。

肖邦从胡梅尔的身上，看到了古典音乐的朴实。胡梅尔曾经师从莫扎特、海顿和克莱门蒂，他这种浪漫热情、灵敏机巧的指法，对肖邦而言，有着很大的启示作用，肖邦立刻自然而然地与胡梅尔成为了朋友，胡梅尔是肖邦当时所交往的第一位有广大知名度的音乐家。

那年暑假结束后，肖邦第一次离开波兰去外地旅行，当时肖邦父亲的一位同僚要到柏林去参加一项动物学会议，便邀请肖邦和他同行。

当时的柏林是腓特烈三世统治下的普鲁士王国首都，是一个昌盛的音乐中心。自17世纪末以来，歌剧的地位很高，所以18世纪末期，在柏林仍能听到像莫扎特的歌剧《唐·乔凡尼》之类的杰出的古典音乐的演奏。

肖邦热情地沉浸在他所听到的丰富的、著名的音乐之中。他还有一项最实际的音乐成就，是尝试把作曲家缜密的心思和演奏名家配合起来，这项工作很重要。值得注意的是，他的一首回旋曲出版后，立刻被女钢琴家克拉拉·维克（后来嫁给了舒曼）在公开场合演奏。

当年，21岁的舒曼被这首乐曲深深打动，他在《莱比锡音乐杂志》上刊登了一篇评论。这篇评论是很著名的——"脱下你们的帽子吧！绅士们！一位天才……我要对肖邦的天才、他崇高的志向与他的杰作鞠躬！"这也是对肖邦作为作曲家的首次严肃认同。

有一次机会，肖邦听了由独唱者、合唱者及管弦乐曲合作演出的亨德尔的《圣塞西利亚日颂诗》，并留下了深刻的印象。9月20日，他给家人写了一封信，说："这与我心目中的伟大音乐的理想很接近。"不过值得一提的是，肖邦早年尽管对这些歌剧极感兴趣，但他的作品中所表达出来的音乐形式与这些音乐的风格截然不同。

在柏林，肖邦在一次演奏会上发现了门德尔松。但他后来表示，他对于自我介绍感到害羞。门德尔松虽然只长肖邦一岁，但已是个世界知名的人物。他的一些作品，如《仲夏夜之梦》序曲及许多交响乐曲、协奏曲等，使他成名，也让人们记住了他。当时在柏林，门德尔松家庭的星期天音乐会非常著名，这对门德尔松的公众化形象很有帮助。肖邦非常羡慕门德尔松在音乐上享有的盛名。

总之，柏林之行给了肖邦一种更刺激并且有报酬的生活体验。10月份的时候，他回到了华沙，相比柏林，他发现这座城市中的社交生活简直粗俗得让他无奈，他很容易就厌烦了。

为了音乐学院的功课，肖邦花了更多时间在练习上。此时，他已经成了一个功课进步神速的好学生了，他似乎在自己的创作与教授的要求之间，找到了平衡点，他谱写了一首钢琴三重奏，并把它献给皇太子雷兹威尔。

克拉科维亚克舞曲是一种两拍的波兰民风舞曲，发源于波兰南部的克拉科夫地区，在当时该地区已脱离波兰，成为了俄国、普鲁士和奥地利的共同保护地。克拉科维亚克舞曲不像玛祖卡舞曲及波兰舞曲那样有较为广泛的爱好者，它对肖邦的影响不太深刻。另一方面，他开拓舞蹈的主题和抒情诗歌，使管弦乐曲得以蓬勃发展，克拉科维亚克舞曲成为肖邦学生时代作品中，用心最多的。

1829 年春天，肖邦待在音乐学校的日子只剩下了几个月。在这时，俄皇尼古拉一世继亚历山大一世后，成为波兰国王，波兰人虽深感亡国伤痛，但是出于礼貌，华沙大众不得不面对这一事实。他们对一位入侵者的加冕典礼的庆祝并不热烈；但是肖邦的注意力早被一件更令他感兴趣的事所吸引，那就是帕格尼尼的来访。

帕格尼尼辉煌灿烂的音乐技巧，以及"魔术师似的"小提琴演奏，使当时的整个欧洲音乐界为之倾倒。就在一年前，他在维也纳举行了音乐演奏会，据当时的评论家说，整个城市如同遭遇了一场暴风雨的侵袭，商店的橱窗里展示着被形容为"帕格尼尼式"的衣服；奥地利君主弗兰兹一世因为喜好音乐，册封他为"宫廷中的音乐名手"。

帕格尼尼对 19 世纪的音乐家有着极其深远的影响力，李斯特、舒曼和勃拉姆斯等人都表示了对他的推崇。肖邦也了解帕格尼尼与生俱来的潜在能力。后来，他写了一首以意大利音乐为基础的作品——《威尼斯的狂欢》送给帕格尼尼作纪念。

7月份，肖邦参加了音乐课程的毕业考试，虽然他的态度散漫，但仍顺利通过了考试。他带着一张光彩夺目的埃斯纳推荐书走出了华沙音乐学校的大门，结束了自己的学生生涯。埃斯纳对肖邦的评语是："极具杰出才能，音乐的天才。"能从埃斯纳这种让人敬畏的教师那儿得到这样的评语，是很不寻常的。

至此，这位年轻的作曲家算是独立自主了，他充满信心地在这布满荆棘的世界里不屈不挠地奋斗着，他相信，未来应该掌握在自己的双手中。

音乐之旅

乐鸣维也纳

在毕业前，肖邦的家人就认为，他继续留在华沙，将学不到任何东西。

4月13日，他的父亲凭着肖邦与日俱隆的声誉和对未来前途的看好，给公共关系部长写了一封信，请求他们筹措一笔基金，资助肖邦畅游欧洲，尤其是能够前往日耳曼、意大利和法国等，这样能在这些最好的环境中观察学习，建立起自己的风格。

这对于一位年轻的音乐家来说，是很好的机会，但政界人士对于声誉和未来的承诺不感兴趣，他们坚持，如果肖邦专心致力于钢琴演奏，并且对正统的学术课程或作曲不感兴趣的话，还会有别的学生补他的缺，而他们更应该得到这项赠予。的确在当时是有许多这样的学生，但是不管他们当时如何努力学习，对规定内的课程如何了解，但是非常有讽刺性的是，他们全都默默无闻地消失了，无论任何史页上都找不到他们的姓名。

肖邦家人的请求没能得到部长的允诺，而且他们的经济能力有限，但是对于肖邦出国游历之事，他们仍然态度坚决。

参加了华沙音乐学校的毕业考试以后，肖邦立刻离开了华沙，他的目的地是维也纳。

维也纳虽不及 18 世纪的洛可可时期华丽，但它仍是仅次于巴黎的全欧洲最重要的音乐中心。在维也纳，许多作家都热衷于流行的沙龙音乐的创作，但古典音乐大师——海顿、莫扎特和贝多芬的精神仍隐约可见。尤其是贝多芬刚在两年前去世。

肖邦从克拉科夫出发，穿过了风景如画的山地隘口，于 1829 年 7 月抵达了维也纳，并在一个星期内，观赏了三场歌剧。来维也纳，肖邦还有一个更严肃的目的，那就是拜访当时极有影响力的奥地利音乐出版商托比亚斯·哈斯林格——他曾出版过很多乐谱，包括贝多芬最重要的作品，还有舒伯特的作品。

哈斯林格已经收到了肖邦的第一首钢琴奏鸣曲和一些变奏曲的手稿。他是个非常精明的商人，不愿贸然出版一位新的、没有知名度的作曲家的作品，但是他阅读了埃斯纳对肖邦的赞美信，听了肖邦的演奏后，改变了初衷。他答应出版肖邦的变奏曲，但是不给报酬，并且还有一个附加条件，就是让肖邦在一场公开的音乐会中演奏这些曲子。

肖邦对这样的事毫无心理准备。私下举行演奏会是一回事，但是在对音乐有敏锐批判能力的维也纳人面前举行音会，这让平时对练习不太留意的肖邦有些紧张。但是因为有许多对音乐热心的维也纳人赞助，有技艺精湛的演奏家协助，还有一所大剧院的场地租借，有了这些条件，肖邦终于被说服了。8月11日那天，肖邦在维也纳举行了第一场音乐会，他后来说："我把自己投入了这个世界。"

演奏了一首贝多芬的作品后，他又演奏了自己所作的变奏曲，获得了观众们热烈的反应。他本想把克拉科维亚克舞曲介绍给观众，但是排演时，肖邦认为管弦乐的伴奏太过拙劣，所以放弃了，在一首曲子中，他采用了在婚礼上经常出现的一首波兰饮酒歌，就是波兰西部所流行的一首古老的波兰舞曲。

据肖邦说："这首曲子让观众震撼，他们在这里，还没有听过这种音乐。"8月12日，他给家人写了一封信，说："坐在前排的侦查员告诉我，有些人甚至从他们的座位上跳了起来！"

尽管反应如此热烈，但肖邦仍安详含蓄地完成了演奏，他的表现手法精致纤柔，似乎没有与热情的维也纳观众打成一片。同一封信上，他说：

> ……到处都有人说我演奏得太软滑无力。其实是他们听惯了当地艺术家们重击钢琴的乐声，对他们而言，我的演奏确实太精致了些。我希望能在报纸上看到这些谴责……我宁愿观众们这样抨击我，也不愿他

们说我演奏得太响了。

接着，在 8 月 18 日，肖邦又举行了一场音乐会。演奏结束后，他写道：

> 如果第一场演奏会确实受到好评的话，那昨天的演出更好。当我在舞台上出现的那一刻，连续响起了三阵喝彩声……第二次演出显然比第一次还要成功……一切好像已经走向高潮，这也是我所喜欢的。

在这些演奏过的作品中，有一首克拉科维亚克舞曲，原来管弦乐曲调相当弱，后经由肖邦在华沙音乐学校的同学加以改良。

肖邦在维也纳广受大众瞩目，音乐的穹苍中，又升起了一颗明亮而耀眼的新星。他见了很多很有影响力的人物，包括贝多芬的学生、李斯特的老师卡尔·车尔尼等许多音乐界的名流，多年前，肖邦曾以神童的姿态在华沙演奏过他的一首协奏曲。

肖邦还被介绍给了祖籍波兰的林屈诺斯基家族，该家族是维也纳音乐界的著名赞助者，曾和贝多芬往来密切。肖邦也遇到了摩里兹伯爵，肖邦说："他不但充分地称赞了我……他同样也是贝多芬的最伟大朋友"。贝多芬曾经把自己的一些作品献给了这位伯爵。

除了少数不爱音乐的日耳曼人外，几乎每个人都对肖邦表示恭维，但是他发现有少数音乐家，喜欢把他当一名学生看待，他们时常会表现出吃惊的态度，因为在他们看来，华沙那种地方是很难让一个人学到这么多东西的。这让肖邦很懊恼。对此肖邦的回答是："在茨威尼和埃斯纳这样伟大的音乐家的调教下，即使是一头笨驴，也能学到许多东西。"

撇开这些小小的恼怒之事不谈，肖邦的维也纳之行收获颇丰，还结识了不少朋友。

默默无闻的游历

8月，肖邦离开了维也纳，到达了旅程的下一站——布拉格。布拉格是古波希米亚王国的首都，但当时是在哈布斯堡家族统治下的奥匈帝国的一部分。就像许多的欧洲主要城市一样，布拉格拥有大量的音乐遗产，历史悠久，可一直追溯到1000年前，那里的听众也是最有辨识能力的一群人。

人们对音乐的热情，会打破国界，莫扎特就曾和这座城市非常愉快地沟通了。但肖邦的到来却显得匆促而平淡。肖邦在这里停留的时间很短，他给家人的一封信上说：

这座城市非常美丽……我从城堡的山丘上望去，

发现她巨大而古老，并且曾经非常富庶。

当地有人向肖邦提出了举行演奏会的要求,肖邦婉谢了。他感觉自己虽然在维也纳的表现很优异,但是这些曾经对帕格尼尼的演奏漠不关心的布拉格民众很可能也不会理会他的演奏,那样对他刚刚巩固的声誉将有所损害。

于是他离开了布拉格,他改走陆路,穿过了厄尔士山区,来到古城德累斯顿。这是个被森林环绕的城市。易北河从市中心流过。此地向来以建筑物、艺术品收藏和图书馆规模闻名于世,在 17 世纪和 18 世纪时,这些特色更加被发扬光大。从我们现在所能看见的一些当时的雕刻和油画作品上便能想象得出当时的德累斯顿市容,那一定给肖邦留下了难以磨灭的印象。

肖邦到了德累斯顿后,观赏了歌德的《浮士德游地狱》这出戏。这部作品曾吸引过许多的音乐家,贝多芬就曾想过用它来作一出歌剧的主干,李斯特也曾为这出戏中的三个主要角色写过一首交响曲。

虽然肖邦所看到的只局限于这个故事的第一部分,并且整个都被删改过,但仍然让他感动不已。

肖邦曾说过,他从 4 点半便开始站在戏院外面;这出戏从 6 点开始演到 11 点……这如同一场可怕的梦魇,但却非常伟大。

肖邦虽然被作品感动,但是他对浮士德的形象却无法接受,而且也没想过去效仿。在 19 世纪时,有许多年轻人非常危险地把自己当作浮士德的传奇化身,他们就如同浮士德那样，在活着的时候，付出了惨痛的代价。

一般情况，肖邦给家人写的信，多少会有一些保留，但是与老友蒂塔斯的通信中，他会把自己的意愿和企图表现出来。肖邦当时计划游历柏林、维也纳、意大利，但是没有完全实现，而在华沙，他可以在不受限制的情况下，崭露他的艺术才华，博取艺术界的名望和地位，他对这座城市的依附程度宛如附着在岩石或船底的甲壳动物一样。

波兰的成就

离开德累斯顿，肖邦决定返回波兰，9月12日，他回到了华沙。

1829年剩余的日子里，肖邦都利用黄昏时刻创作乐曲。这段时间，肖邦不必在紧张的情绪下，举办公开的音乐演奏会，并且能心情平和地玩味这些有报酬的作品，例如舒伯特的《八重奏》、贝多芬的《大公钢琴三重奏曲》《C小调弦乐四重奏》和《第26号钢琴奏鸣曲》等。这些作品给他留下了极为深刻而持久的印象。

现在，肖邦已经够资格当一名艺术家了，他的辨识能力有很大提高，虽然华沙民众并不怎么欢迎贝多芬的音乐，但是他们对贝多芬的作品有充分的认识。就某些方面而言，肖邦的确受到了茨威尼的鼓励而有所长进；但就另一方面来看，一些崛起迅速的时髦作曲家对他也有相当大的影响力，如胡梅尔、莫士契斯和开克勃纳这些二流的作曲家，对肖邦的音乐创作也有影响。

这段时间，肖邦开始创作自己最重要的乐曲《F 小调钢琴协奏曲》，这首乐曲完成于第二年春天，后来被公认为是肖邦的第一首内容丰富的作品。突然间，他学生时期的自我控制似乎消失了，内心产生了一种新的信心。

感情丰富的《F 小调协奏曲》是一首较短的夜曲，这首曲子的旋律，优雅中饱含深情的诗意，既有贵族色彩的外表，又蕴藏着细致的内在感情。这种骚乱不安的感情与他之前作品中表现出来的单纯是完全不同的。原因可以从他写给老友蒂塔斯的一封信里找到，因为他当时正处于热恋中：

也许是很不幸的事，我拥有了自己的理想，我默默地、忠实地为她奉献了半年，她是我的梦，我的《F 小调协奏曲》（第二号）的灵感来自于她。

就在今天早上，我作的《圆舞曲》（降 D 大调，OP70.3）也是因为她。现在华沙在我的眼中竟如此阴沉而寡欢。如果不是家人带给我欢欣鼓舞的话，我真不愿留下。没人与我分享快乐和忧伤，我将多么忧郁啊！

当我被一些事情压得喘不过气，又找不到一个可以躺下来的地方时，那是多么可恨，你知道我所指的是什么。所以我经常对着我的钢琴，说出我要告诉你的话。

当时，让肖邦陷入恋爱烦恼的是一个漂亮的波兰女高音——康斯坦丝·格拉德科芙斯卡，她比肖邦小几个月，当时已成为优秀的声乐家。她与肖邦一样申请进入华沙音乐学院，他们就是在那里认识的。但是格拉德科芙斯卡的崇拜者很多，特别是那些驻扎在当地要塞的年轻骑兵军官。面对他们，肖邦发现想要与格拉德科芙斯卡发展困难重重，所以只好把这种爱慕加些理想化的色彩，藏在内心深处。

对此，肖邦的父亲了解得很少，但是他对肖邦这种表面上缺乏秩序的生活感到烦恼和愤怒，所以把肖邦送到皇太子安东尼·雷兹威尔的乡下别墅去了。

在那里，肖邦被太子的两个年轻女儿所吸引，表面上肖邦似乎已把格拉德科芙斯卡忘记了。期间他曾给蒂塔斯写信：

> 如果我能暂时感到愉快的存在，我就会停留在那里，直到他们对我没有吸引力。但是我的事业，特别是我没有完成的协奏曲，让我等得不耐烦，我迫不及待地要把最后阶段完成。
>
> 这里的两个公主很可爱，她们随和，喜欢音乐，感情丰富。她们中的一个很年轻，才17岁，长得漂亮动人，能教她一些指法，确实是件乐事。

另外他还与蒂塔斯在信上谈论到一些作品上的技巧和戏剧上的细节问题。

皇太子雷兹威尔也称得上是一位作曲家和大提琴演奏者，肖邦与他比较有共同语言，肖邦还给其中一位公主上了一些音乐课程。

回到华沙时，冬天快要到了，肖邦继续他未完成的《F小调协奏曲》，心中又燃起了对格拉德科芙斯卡的热情之火。另外在音乐上，他开始注意到华沙观众的需求，他在维也纳成功地举行过两场音乐会，为此，华沙的报纸是这样报道的：

> 难道肖邦的才能不属于他自己的国家吗？难道他认为波兰不接受他吗？毫无疑问，肖邦先生的作品是天才所为。

肖邦也发现在华沙举行音乐会的日子不能再拖了，所以，1830年3月3日，肖邦在家中的客厅里安排了一场试验性质的音乐会，观众都是私下邀请来的。担任指挥的是波兰作曲家库尔宾斯基，他当时与埃斯纳都是华沙歌剧院的经理，并且还是24部意大利歌剧的作曲者。肖邦演奏自己的《波兰主题幻想曲》，还有已经完成的《F小调协奏曲》。这场试验性质的音乐会非常成功。

3月17日，肖邦举行了正式的音乐会，所演奏的曲子与试演会相同。

音乐会的门票在开演前三天就已全部售完，当晚的演出获得了观众的满堂喝彩。其中有位观众沉醉在肖邦的音乐中，忘了时间，他在夜里 11 点钟满怀热情地写道：

　　　　我刚从肖邦的音乐演奏会场回到家中。在这位艺术家 7 岁时，我就听过他的演奏。当时的他还只是未来的希望，但是他今天的演奏实在太精彩了，那么流利，那么和谐……他的音乐充满了表达式的感情和曲调，能把听众引入一种精致微妙、全神贯注，甚至销魂蚀骨的境界中，并且在人们的记忆深处留下难以忘怀的快乐时刻。

　　但肖邦本人对这次演出并不满意，他所认为的真正的成功演出，是几天后，也就是 3 月 22 日那天，因观众热烈反应所举行的第二场音乐演奏会。他用克拉科维亚克舞曲取代了原来的幻想曲，并且使用了一架具有强烈音调的维也纳钢琴，用这架钢琴所演奏出来的曲子比原先的钢琴更能表现出曲调的深度。

　　此时维也纳的音乐出版家哈斯林格也履行了他的承诺，于 1830 年 1 月出版了肖邦的《梦幻变奏曲》。这样一来，肖邦的知名度大增，足以与那些奥地利及日耳曼的音乐家们并驾齐驱。

　　到了 4 月，肖邦又着手《E 小调钢琴协奏曲》的创作，这首曲子争论颇多，与 F 小调的风格相比，显得不够精致，情感的表现比较弱，但是格拉德科芙斯卡的倩影还萦绕在这首慢节奏的曲子上。

这首曲子没有嘹亮、喧闹，它浪漫、沉静、忧郁，给人的印象是人用极温柔的眼光凝视着某个地方，可以唤起人们过去的无数甜蜜而美好的回忆。

肖邦给蒂塔斯写信描述："这是一种在美好的春天里的沉思冥想，而不是在月光之下。"

夏天里，他都在创作新作品，而且只要有空，他就会去欣赏歌剧。1830 年 5 月和 6 月的时候，俄皇召开波兰国会的这段时间，一大批名声显赫的演艺人员来华沙访问，肖邦很欣赏他们，特别是德国著名的女音乐家亨丽塔·桑塔克，她是贝多芬第九交响曲的女高音原唱者。

7 月 24 日，肖邦参加了格拉德科芙斯卡的演唱会。他对她昔日的情怀又复苏了。但此时的他已超越了过去的心境，他清楚地发现了她歌唱技巧上的瑕疵，也不再像一般人那样对她盲目崇拜了。

8 月的时候，肖邦一家人回到老家。9 月肖邦又拟订了一项新的旅行计划，他要离开波兰。当时欧洲的政治局势很不稳定，这使他改变了许多原定计划。他写信给蒂塔斯说：

几个礼拜前，我父亲不想让我去旅行，因为骚乱已开始蔓延到整个日耳曼。我们也听说，在维也纳有成千上万的民众滋事，虽然我不清楚为什么，但我想一定发生了什么事。在提洛尔地方，也有骚动不安。意大利人没做什么事情，但民情沸腾……我还没有申请护照，但人们说，我只能得到一张奥地利和普鲁士的护照，意大利和法国想都不要想。

据我所知，已经有好几个人申请护照时遭到了拒绝。不过这样的事不会发生在我身上的，我很可能在几个礼拜内，从科拉古到维也纳。那里的人们要对他们记忆中的我产生新看法了，我也必须要利用好这次机会。

这段时间，他完成了《E小调协奏曲》，并在1830年10月11日，在市政音乐厅，举行这首曲子的第一次公开演奏，就是这场演奏成了他在华沙的最后一场音乐会。

这首《E小调协奏曲》是整个节目的中心，一起搭配演奏的还有波兰主题的幻想曲。这场音乐会是一场成功的演出。

肖邦给蒂塔斯写信说："我一点也不紧张，并且就以我单独一人演奏时的方法去演奏，结果很好。"

这次音乐会也了却了肖邦的一桩私人心愿，因为格拉德科芙斯卡也参加了这场音乐会，据他说，她当时"身着白衣，头发上戴着玫瑰花。"但是直到此时，两人还只是认识，肖邦没有表示他的好感，格拉德科芙斯卡也没有向他表露过类似的情感。

背井离乡的孤独

肖邦曾经说："我感觉，离开家乡，我只有死路一条。"但他还是选择了背井离乡的命运。在 1830 年 11 月 2 日，他离开华沙，离开家人及格拉德科芙斯卡。

克兰杰曾试图说服肖邦举行一场音乐演奏会，肖邦在给家人的信里，这样说："对这点，我充耳不闻。我没时间可以浪费。何况德累斯顿既不能让我得到名声，又不能为我提供金钱的收益。"但他私底下为克兰杰演奏了他的一首协奏曲。

肖邦说："这让他想到了菲尔德的演奏。我具有难得一见的特殊弹奏法，他虽然曾听过许多关于我的事情，但他绝没想过，我竟会是这样一个音乐名家。这不是他随随便便的恭维。他告诉我，他最讨厌阿谀奉承任何人或强迫自己称赞他们。"

离开布拉格之后，肖邦和蒂塔斯于 11 月 22 日到达了维也纳。如果上次他所受到的是鼓励和赞许的话，那这次的访问在有关演奏会和音乐的事情方面，则受到了冷漠的接待。

他在优雅的社交场合仍很受欢迎，但这些对他的收益没有任何帮助。哈斯林格很礼貌地拒绝了肖邦出版乐谱的请求，因为上次出版肖邦的《梦幻变奏曲》，让他蒙受了不少损失。当时维也纳民众都以哈布斯堡大公的喜好为依据，他们偏好施特劳斯家族或约瑟夫的华尔兹舞曲。肖邦告诉埃斯纳说："在这里，华尔兹全被视为好作品。"在早一点的另一封信里，他也提到："维也纳观众的鉴赏力坏掉了。"

对许多奥地利的乐谱出版家来说，商业利益远比艺术价值来得重要，而且他们也很少有时间去品味肖邦的音乐中所蕴含的如诗般的感情或极具新鲜感的创意。

肖邦这种优美但不壮观的钢琴曲与当时所流行的乐曲风格不相符，所以有位音乐演奏会的经纪人对肖邦说："在这里有太多好的钢琴家，必须声名大噪，才能有所得。"所以他不鼓励肖邦做演奏家。

尽管如此，肖邦在给家人写信时报喜不报忧，他假装自己生活得很愉快。经蒂塔斯帮助，肖邦在维也纳的一条主要街道上找到了住的地方。

屋子在三楼，有三个房间，华丽、高雅，还附带家具。这条街道，白天人声鼎沸，来往马车在石子路上奔跑，马蹄声、车轮声响彻云霄；夜晚这里有附带长窗的高大建筑，沉寂的商店雕刻被孤独的煤气灯照亮，进入了朦胧、如幻境般的童话世界。

在圣诞节来临前，肖邦给家人写了一封信，他说：

　　这里说不出有多好，我的屋子与别人的屋子屋檐相对，地面上的人们显得很渺小，我比他们高大多了！最让我感到愉快的时刻便是，我为伯爵演奏过沉闷的钢琴曲后，躺在床上，手里拿着你们的来信，这样即使在睡眠中，我也能看见你们……我不要向你们说再见，我还想继续写信。

　　但是在给朋友的信中，却让人看到一个对自己的前途沮丧、感到孤独的肖邦，特别是写给朋友杰恩的信上，肖邦把生活中的挫折完全地述说出来了。

　　当时华沙民众为了反抗俄国而爆发了革命，这个消息传到维也纳的时候，肖邦意志消沉的忧郁心境达到了顶点，他害怕俄国人的侵略，也担心他的家人、他的祖国、他曾认识和深爱的每一件事物。而且他的朋友蒂塔斯也抛下了焦虑的他赶回华沙，加入了革命抗暴的行列。

　　整个欧洲都被不满的情绪充塞着，每个国家为维护自己的尊严，都渴望从那些外国大领主的束缚下获得解放。这种气氛经报纸报道，越来越浓厚，巴黎当时就发生了革命事件。

　　圣诞节那天，肖邦给杰恩写了一封长信：

　　今天，我独自枯坐在屋里，一边咬着手上的戒指一边写信。如果不是不想成为父亲的负担，我一定会回家。我诅咒离家那天，现在我打着领带参加晚上的宴会、音乐会和舞会，但是这些都让我厌烦，这里的每件事情都让我感到沮丧。我现在已穿好衣服，准备外出。

有人做伴时，我必须表现镇静，一旦回到家里，我就拼命弹琴。有些事情的确让我感到忧伤，难道事情连一点转机都没有了吗？她（格拉德科芙斯卡）还好吗？她是否受到暴乱事件的影响？我的上帝禁止那样，这应该是我的过错，使她镇静下来，告诉她，只要我一息尚存——直到死——甚至死亡后，我的骨灰也会撒在她的脚边。

稍后，他还描述了维也纳市中心的圣史蒂芬教堂的子夜弥撒：

当我进入教堂时，还空无一人，我不是来参加弥撒，只是想在这个时刻，看看这座宏伟的建筑物。我走进最黑暗的角落里，站在一根哥特式梁柱下。我无法形容这些拱门的伟大和庄严，一切都显得非常沉静。台阶上偶尔会出现一位圣器监护者，缓缓走到神殿后面点燃烛火。在我后面有一具棺木，在我脚下有一具棺木——只在我头上没有棺木……我从未如此清楚地觉察出自己的寂寞空虚。

……我是否该去巴黎？这里的人劝我等一下。我是否该回波兰？我是否继续留在这儿？我是否该自行决断？我是否该停止写信给你？请告诉我该怎么做。

这封信他花了好几天的时间在写，渐渐地他那晦暗的心情似乎有了转机。他拿起笔，顺手写下了他的日常生活情形：

我的房间宽敞、舒适，有三个窗户，床对着窗户，右边有一架华丽的钢琴，左边是沙发，窗户之间有镜子；屋子中间有张精细、巨大的桃心木圆桌；磨光的拼花地板……

早上的时候，我被一个愚笨的仆人叫醒。起床后，他给我端来了咖啡，接着，我就弹琴。大部分时间，我都吃冰冷的早餐。

9点的时候，日耳曼语教师会来上课。下课后，我通常会继续弹琴。直到中午，我都穿着袍子。

过了中午，一位很有身份的日耳曼人会来。如果天气好的话，我们会环绕城市散步。如果没有其他节目，我们就接受学术界年轻人的邀请，去他们那里。

晚餐过后，喝着混有烈酒的浓咖啡，这是这里的风俗。然后我去拜访一些人家，大约10点，有时候是11点或者12点，我回到家，弹琴、哭泣、凝视、大笑之后，便上床睡觉。

但是没过几天，他又给杰恩写了一封信，一种失望的气氛再度被唤起。这段时间，肖邦正处于向成熟阶段的过渡期，而这种转变来得如此急剧，他需要家人的关爱及呵护。

> 我的朋友们都在做什么？我渴望与你们一起生活，我愿意为你们牺牲。为何我如此孤单？难道在如此让人害怕的时刻，只能和你一个人相处？
> ……今天是新年，但是新的开始竟如此悲哀！拥抱我吧。你将要上战场，得带个官阶回来。祝你们大家好运。为什么我不能击鼓！

可想而知，在这段情绪纷乱的日子里，肖邦根本不能专心致力于乐曲创作，或更进一步地在钢琴家的事业上有所进展。

他当时完成了钢琴以及管弦乐演奏的《波兰舞曲》（OP.22）及《降E大调华丽大圆舞曲》（OP.18），这两首曲子都是为了迎合爱舞蹈的维也纳民众。当时的音乐都是一种活泼、华丽的风貌，但肖邦所表现出来的还是缺乏特殊风格，但他自己对此并不十分留意。

更能表现他丰富情感的曲子，是他在1831年间所作的《第一谐谑曲》。他在这首曲子中的主要部分隐隐约约地加入了一些和谐的背景曲，把这首波兰圣诞歌曲成功地烘托出来了。

此外，《第一谐谑曲》也是别具一格的作品，有人称这首曲子是《波兰叙事曲》，舒曼形容它是肖邦作品中"最狂野和最原始的"，并且在给朋友的一封信中提到，"这是肖邦最得意之作"。直到今天，这首曲子仍然与当年一样，广受喜爱。在谐谑曲中使用民谣是肖邦音乐中极为罕见的例子之一，曲子推出后，他的声望似乎恢复了一些。

《摇篮曲》的旋律至今仍被波兰农民及英国作曲家所熟悉。有人提起自己的感受，说："我在塔特拉山区的高山上听到有位波兰农夫在唱这首曲子，在被白雪覆盖的崎岖峭壁山岩中及寂静的山谷间所产生的效果，让人惊异也深受感动。以豪放、无拘无束的方式尽情唱出来的曲子，使得斯拉夫人能将他们那种深藏在心的伤心刺骨用深刻切痛的旋律表达出来。"

受思乡之情的影响，以及对波兰战场上那些童年友伴的思念，肖邦收集了许多波兰民族诗人的作品，其中包括威特威基的诗作。威特威基有一首诗名为《悲伤河流》，它似乎能生动地反映出肖邦的心情，我们可以想象得出当肖邦注视着多瑙河的滔滔流水，想着远处的家乡波兰和维斯拉河时，那种苦闷、忧郁的思乡情怀。

威特威基是肖邦的知己，在巴黎的时候，他们往来密切。后来因政治意见分歧，两人才告决裂。

肖邦想办法让自己振作，他知道如果生活在过去的记忆和情感世界里，是不能创造未来的新生活及新理想的，他强打精神，坚定意志，于 1831 年 4 月 4 日在当地一家著名的音乐厅举办的一场音乐会中，担任钢琴演奏者，他仅署名"赫·肖邦"，并且只演奏了他的《E 小调钢琴协奏曲》，这是当时很流行的一种方式。

这次音乐会不太成功，而他只是参加演出的音乐家中的一位，所以震撼力极小。他发现自己已无法回到在维也纳时的那段光辉灿烂的时刻了。在这场音乐会的前两天，肖邦在他的记事本上写道：

我身处一大群人中无所事事。我叹赏这些树林、春天的气息和大自然的淳朴，这一切让我回想到童年。暴风雨即将来临，所以我走进了屋子，并不是真正的暴风雨，只是因为我感到很忧郁。不知道为什么今天我连那音乐都不感兴趣了。

已经很晚了，但我还不想睡，我不知道，自己究竟是什么地方不对劲……报纸和宣传海报上已经宣布了我的音乐会，两天后就开始，但是对我来说，好像没有这回事一样。我不想听那些无谓的恭维，这对我来说，越来越没有意义。

如果不是因为父母，我真希望自己已经死了。她（格拉德科芙斯卡）的影像仍然在我眼前。我想我已经不再爱她了，但还是不能把她从脑海中摆脱。

直到现在，在国外所见到的每一样东西对我来说，似乎都是老朽的、令人厌恶的，甚至让我感叹得想要回家。我竟然不知道珍惜过去那些美好的时光。

在从前认为伟大的事情，如今却变得普普通通；从前认为普普通通的，现在却成了无与伦比的、伟大的、高不可攀的。这儿的人不是我的同胞，尽管他们很亲切，但是这种亲切源自他们的习惯。他们做每一件事都显得太崇敬、太适度、太有节制了，而我不想节制，我感到迷惑、忧郁，真不知道自己该怎么办，真希望自己不是孤零零一个人……

肖邦此次维也纳之行失败了，他的不愉快、人们的虚情假意以及缺乏认同感等因素，终于让他下定决心离开这里。6月底，他离开维也纳。

流亡巴黎

波兰沦陷的孤独

离开维也纳，肖邦想到巴黎去，但就法律而言他是个俄国国民，这点让他处境困难。当时的巴黎是波兰革命分子的避难所，许多流亡人士都居住在法国，并且在筹划着颠覆俄国的事。最后他获得了一本伦敦护照，上面还有一项重要的附带条件："过境巴黎"，即使这样，也已经足够了。

他向西旅行，沿着多瑙河河谷到了北边风景如画的提洛尔，首先经过莫扎特的出生地萨尔兹堡，然后前往慕尼黑。在那里，他停留了很长一段时间，因为父亲给他的钱没能如期送到，而且与华沙的联络出了点问题。利用这个机会，他在1831年8月28日那天，在"爱乐协会音乐厅"举行了一场

公园中的肖邦雕像

很成功的音乐演奏会，演奏内容有波兰风格的幻想曲和《E小调协奏曲》。这是他离开华沙后，首次取得成功。

但一个礼拜后，当他抵达德国西南部城市斯图加特时，他兴奋的心情被9月波兰沦陷的消息粉碎了。自11月革命以来，华沙的紧张局势与日俱增。波兰人勇敢维护他们的独立自主，俄国人暴露了他们的野心，尼古拉一世调派了一支20万人的军队来对付只有4万人的波兰军队，使得他们不得不退守华沙，顽抗到底。没有哪个国家敢支持波兰人，因为害怕与俄国发生冲突，引起战争。华沙被包围了，到处一片恐慌，霍乱开始流行，但是波兰人仍在为自己的生存与自由奋战不懈，最后终因军火不足而投降。1832年2月，波兰沦为了俄罗斯帝国的附庸。

噩耗传来，肖邦顿时陷入了绝望，他在自己的记事本上写下了狂怒的、逻辑思维不连贯的片段：

市区被摧毁了、烧掉了，杰斯·魏拉斯也许已经死在了壕沟里，我看见马塞尔成为了囚徒；善良的索温斯基落入了野蛮人的手中；帕斯基维兹，从墨伊罗夫来的狗霸占了欧洲第一君主的王位，莫斯科统治了世界！啊，上帝啊！你存在吗？你在哪里，天理公道在哪里？你还需要多少俄国的罪行，或许你也是一个俄国人，我可怜的父亲，这个可爱的老人也许正在挨饿；我的母亲买得起面包吗？也许，我的姐妹已经屈从于如猛虎一样残暴的俄国士兵了，啊，父亲，你的老年太不幸了！母亲，我可怜的母亲啊！你是否眼睁睁地看着凶残的俄国士兵摧残你的亲生骨肉？惨遭蹂躏的成千上万死尸正躺在墓边！格拉德科芙斯卡怎样了？她在哪里？可怜的女孩，也许她在某个俄国人手中，俄国人正在绞杀她。杀人，谋杀！啊，我的生命啊！我孤独一人在这里，到这里来吧，我将为你拭干眼泪，治愈创伤，告诉你过去的事！在那些没有俄国人的日子里，只有少数的俄国人，他们都想讨你喜欢，你对着他们大笑，只因为我在那里。你的母亲还在你身边吗？好残酷的母亲，而我的竟如此仁慈。也许我的母亲死了，也许俄国人杀了她。我的姐妹们正在声嘶力竭地抵抗，父亲绝望了，他无能为力，而我却在这里呻吟、受苦，对着钢琴发泄我的绝望，上帝啊，掀翻地球吧，吞食这个时代的人，把最残酷的刑罚降临到袖手旁观的法国人身上吧！

我睡的床上也许已经躺满了死尸，无人料理，但是今天，却不让我感到恶心。一具尸首会比我更糟吗？那具死尸不知道谁是父亲、谁是姐妹、谁是蒂塔斯，一具死尸没有心爱的人，舌头也不再会动，与四周的人交谈！我与一具死尸一样没有颜色，对任何事都漠不关心。

斯图加特的钟塔已敲过了子夜的钟声。此时此刻，又有多少人死亡？母亲们失去小孩，小孩们失去母亲。有人为死人悲伤，有人却感到高兴！一个是恶劣的死尸，一个是可敬的死尸——纯洁和邪恶结为一体，当他们同为死尸时，便情同手足。显然死亡是一个人最好的下场。还有什么更糟的吗？出生与死亡正好相对，我既然来到这世界，就有表示愤怒的权利。我的存在对任何人，有什么益处？她（格拉德科芙斯卡）是否爱我，或者她只是假装爱我？这真是一个结。是与否？是、否、否、是——她是否爱我？当然，她要照着自己所喜欢的方式做，去做吧……

父亲，母亲，你们在哪里？死尸？也许只是俄国人玩弄的伎俩。啊，眼泪不会流得太久，啊，太久了，我哭不出来了，多么高兴，多么不幸，如果我不幸，我就不会高兴，但这却是甜蜜的。好奇怪的心态，这对一具死尸来说，也是如此。好与不好的感觉同时出现，转变成轻松愉快的感觉，就高兴；一旦消失，就忧伤。这就如同暂时死亡的感觉。在短暂的时刻，我内心死亡；不，是我的心在我的体内暂时死去。啊，为什么不是永远？这样的话，也许更能忍受。孤独，孤独，没有文字能够形容我的孤独，我该如何忍受这种感觉？

也就是这个时候，肖邦写了《升 C 小调练习曲》，还有他原来写的 11 首练习曲。有人说肖邦这些最著名作品的灵感来自于华沙的沦陷,其中最为人熟知的就是《革命练习曲》。

虽然这个说法的真实性很难证实,但是他的描述是很生动鲜明的,这种急促像湍流的瀑布声音、华丽歌剧般的旋律像抒情诗一样让人感动,但它却暂时休止了。随着新注入的澎湃汹涌的情感,它似乎很高雅地总结了他的情感、苦恼,还有埋藏在内心深处的忧思。

啼音初试之后,肖邦打算前往巴黎。

巴黎印象

肖邦于 1832 年 9 月中旬来到了巴黎,他决定要在这座最具世界性色彩的都市度过他的一生,过一种自我流亡的日子。虽然,他对同胞们那种强烈的政治煽动不感兴趣,但他有了一种回到祖国土地上的感觉。这片土地,曾在几十年前被他的父亲所抛弃。

但是肖邦的波兰血统的特质已流遍全身,波兰形象也早在他幼年时候就已形成。祖国的传统与光辉,以及过去辉煌的音乐在肖邦的双手里全都变成了传统风格,这是独特而永恒的。他曾一度熟悉的波兰顿时变得十分遥远,也许已永远消失了。有段时间,他的音乐中表现出了他心灵和幻想的不朽性,形成了一股优雅而坚强的精神,谱成了一首永无休止的曲子，表现了波兰人民遭受压迫时的精神感受和强烈的民族意识。

在巴黎，他找到了自己所需要的这种气氛。这种气氛使他能够在人生的舞台上扮演成功的角色。

在肖邦抵达巴黎的半个世纪前，法国曾是骚动和革命的中心。那个时代的杰出人物是拿破仑，他改革法国，征服欧洲，在历史上取得了辉煌的地位。他对法国的贡献最大、影响最深远，他为法国建立了一套现代化的行政组织系统，颁布了《拿破仑法典》，用法律来保障人民的自由与平等。

当时，巴黎的年轻知识分子组织了一个叫"世纪的孩子"的团体，他们主张言论和思想的自由，并扬言要打破传统和种种繁文缛节。这些极端的狂热分子积极宣扬他们的思想，一些感性的艺术家、作家和音乐家也都把握了时代精神，并把它表现在作品上。

肖邦发觉他也置身在这个团体中，但是他们的价值观念和理想基本上与肖邦完全不同。在当时，这类团体很多，而且彼此间相互影响。雨果、巴尔扎克、拉马丁是文坛先锋；德拉克罗瓦是浪漫派画家的领导者。德拉克罗瓦曾在1835年为肖邦画了一幅很出色的肖像（现存于卢浮宫）。这幅肖像所显示的正是肖邦后期的形象。音乐家当中，李斯特最先进（他比肖邦小18个月），另外一位是贝里欧兹，贝里欧兹大胆创新的幻想交响乐曲是第一首革新贝多芬时代古典主义的交响曲，早在肖邦到巴黎的前一年就已公开演奏过了。

巴黎的环境及冲击力，让刚离开华沙的肖邦很不安，但没过多久，从他给家人朋友的信里便看不出他的不安和焦虑了。

他在巴黎的房子很舒适也很昂贵，是在五楼的一间"令人愉快的小屋。桃木家具，有能看见繁华街景的阳台……"。后来他在12月给蒂塔斯写的信中描述了当时巴黎的情况："无论如何，在巴黎一切都由自己来选择。你可以自己找乐子、忧愁、大笑、哭泣、想做什么就做什么，没有人会注意你，因为每个人都在管自己的事，我不知道还有什么地方有像巴黎这么多的音乐家……"

肖邦身上带着好几封维也纳很有影响力的人士给他写的推荐函，其中一封是写给当时最杰出的音乐家之一费迪南德·巴耶尔的。他还是巴黎宫廷剧院的指挥，1806年的时候，曾陪着拿破仑到过华沙。

巴耶尔把肖邦介绍给当时音乐界最有名望的人士，如罗西尼、卡尔克布雷纳以及音乐界的老前辈。作曲家卡尔克布雷纳给肖邦的印象最深刻。从他写给蒂塔斯的一封信中就能看出他对卡尔克布雷纳的无限推崇：

> 你也许不相信，我对赫兹、李斯特、希勒等人觉得很好奇，但他们与卡尔克布雷纳相比，就逊色多了，一无可取了。我也曾像赫兹那样演奏过，但我更希望能像卡尔克布雷纳那样演奏。如果说帕格尼尼是完美的话，那卡尔克布雷纳也是如此，而且更具有另一种

不同的风格。我很难向你形容他那平静、令人着迷的感触，他无与伦比的沉着，以及他演奏每首曲子时的控制力，他是个巨人，超过赫兹和捷尼，以及所有人，也超过我。跟他相比我太渺小了！

当我被介绍给他时，他让我演奏一些曲子。我当时应该先听听他的演奏才对，因为我了解赫兹的演奏，所以我露出了骄傲的神色，得意地坐下来，演奏着我的《E小调协奏曲》，这首曲子曾令莱茵河畔的人以及所有的巴伐利亚人疯狂。卡尔克布雷纳惊异地问我是不是菲尔德的学生，因为他感觉我有克兰马的秩序感和菲尔德的动感。

最让我高兴的是，卡尔克布雷纳竟然为我演奏了他最拿手的曲子。他弹错了一个地方，中止了一下，然后又开始演奏我从未梦想过的、那样优美的曲子。

此后，我们每天见面，不是他来看我，就是我去找他。他要我和他一起研究三年，他愿意和我一起进步。我告诉他我了解自己的欠缺在哪里，我不能拖累他，三年时间太长了。但是他说，我在心情好的时候，能够演奏得令他叫绝，但是心情恶劣时的演出就大打折扣，这种事在他那里是从未发生过的。

肖邦似乎决定不了自己是当个作曲家好呢，还是当个钢琴家好，后来他终于发现自己的性情并不适合做一个精力充沛的音乐家。拿李斯特为例，肖邦发现自己永远无法赶上或超越他，埃斯纳用各种理由劝说肖邦要专心致力于追求一个目标——作曲。埃斯纳认为，卡尔克布雷纳的教导对肖邦成为一个作曲家的发展将是一种障碍，将来就只能成为一个"钢琴演奏家"，无论如何，这都没什么价值可言，他希望肖邦成为一个伟大的歌剧作曲家，用他的灵魂去描绘过去的波兰。当时的肖邦虽然爱好歌剧，但是他知道自己无法达到这种境界，即使民族主义的本质已经是他的一部分。后来，埃斯纳的民族主义歌剧作曲家的梦想在肖邦身上一直没有实现。

肖邦在 1831 年 12 月 14 日给埃斯纳写了一封信，告诉他自己的作曲家梦想已幻灭，预计的成功希望也没有了，但是至少还有一个小希望，就是当个钢琴家。如果连当时非常有名的音乐家梅耶贝尔都很难找到一个表演自己曲子的舞台，肖邦还能有什么机会？他觉得成为钢琴家是他最好的选择，虽然他已放弃了跟卡尔克布雷纳学习的念头。三年时间太长了，连卡尔克布雷纳也这么认为。不过这并没有影响他们之间的友谊，1833 年 7 月，肖邦的《E 小调协奏曲》在巴黎出版时，封面上还写着：献给卡尔克布雷纳。

肖邦为成为一位知名钢琴家所做的努力，获得了住在巴黎的其他年轻音乐家的好评，李斯特和一位大提琴家弗朗肖姆后来都成了肖邦的好朋友。除了这些热心的浪漫派音乐家外，肖邦同时也和热衷革命思想的激进派艺术家交往。尽管如此，肖邦仍能保持超然的态度和自己独到的见解。

他诗一般的内涵和感情丰富的音乐所产生的效果，可能会让这些狂热分子产生误会，他对当代的政治理想表现得很冷漠。他虽然并不是沿个人路线前进的，但在观念上却是独立自主的，这是他在艺术上的一个秘密，也是他的生存之道。除了李斯特的作品外，他对当代的音乐潮流都不感兴趣，他从不演奏这类作品。

当时的巴黎，受七月革命的影响，到处一片凄凉。1831年圣诞节那天，肖邦给蒂塔斯写了一封信，信上说："在这里，满目疮痍，景象萧条，到处能看见衣衫褴褛的大人物，有时还能听到人们在谈论那个愚笨的国王如何被内阁成员们蒙蔽。一般群众都很愤怒，他们随时都准备着铲除这种痛苦的因素，但不幸的是政府早已采取了防范措施，即使只在小巷里聚集了一群人，他们也会立刻被骑兵所驱散。"

肖邦还目睹了一场规模很大的群众示威。

这场示威从早上 11 点钟一直持续到了晚上 11 点。有很多人受伤了，但是一大群人还聚集在我窗口下的街道上，并且人潮越来越汹涌。面对这些包围他们的民众，警察显得无能为力。后来，来了一支步兵特遣部队，轻骑宪兵也布满了街道。卫兵推开这些激动的群众，逮捕了许多市民。商店都关门了，街道上各个角落里都聚满了群众，气氛显得很紧张。房子的窗口上挤满了看热闹的人……我开始希望一切都能平静下来，但是直到晚上 11 点，情况才在马赛曲的歌声中渐趋安定。你很难体会出，一群暴民的愤怒会在我心中留下多么深刻的印象。

第一场演奏成功

肖邦在巴黎的第一场音乐会便受到了卡尔克布雷纳的支持，这是他与其他音乐家一起演奏的，原定在 1831 年的圣诞节演出，但因为其中一位音乐家没能出席，只好延期到 1 月 15 日。而此时卡尔克布雷纳却生病了，所以直到 1832 年 2 月 26 日才顺利推出。

这场演奏会的地点是普莱耶尔大厅，普莱耶尔是个音乐家，据说此人因他的钢琴和"太太的经历"而闻名。这个沙龙很宽敞，拱形的天花板上缀满了闪亮的艺术蜡烛，富丽堂皇的天鹅绒布幕垂挂在舞台背面。这里很适合展示肖邦的才华，这场演奏果真让他跻身于巴黎第一流音乐家的行列。

当晚，肖邦演奏了《F 小调钢琴协奏曲》和《梦幻变奏曲》，因为找不到管弦乐的伴奏，他用独奏的方式演出了这两首曲子，但这更能展现出肖邦本人的音乐才华。这个晚上，他的乡愁又被唤起了，他仍患着思乡病，但好像并没有以前那么严重。在这首协奏曲中，最后一部分的民谣歌曲伴着慢节奏的旋律，很可能勾起了他的各种辛酸苦痛的回忆，也许还引发了他对格拉德科芙斯卡的思念，因为就在几个礼拜前，他得知了她结婚的消息，他知道自己已永远地失去了她。

肖邦还参加了卡尔克布雷纳的演奏会，与他一起演奏的是一位成功的英法混血音乐家，还有当时颇具盛名的费迪南·希勒。希勒是胡梅尔的学生、肖邦的好朋友，他是第一个在巴黎演奏贝多芬第五协奏曲的演奏家。

肖邦的声名引起了许多杰出音乐家和评论家的注目，当时最受尊敬和最具权威的评论家说："肖邦的音乐中表露出一种特殊的模式。这种模式对于音乐艺术产生了相当可观的影响力。"肖邦的朋友在寄往波兰的家信中写道："我们敬爱的肖邦先生已经把这儿所有的钢琴家们彻底击败了——所有的巴黎人都为之惊慌失色。"

李斯特对肖邦也很钦佩，几年后，他在肖邦的传记中回忆道："我们还记得，他第一次在普莱耶尔大厅中出现的情形，他的精彩演出让人如痴如醉。虽然人们热烈鼓掌，但是对于把诗意赋予音乐，并开创出崭新的音乐生命的音乐天才来说，这些似乎还不够……他没有被炫目的光彩所迷惑，他没有骄傲，也没有露出矫揉虚伪的谦恭，他只用平常的态度接受它。"

在巴黎，肖邦的第一场演奏会就很成功，而且这里的人们亲切和蔼，这是维也纳所没有的，这使得肖邦想再举行一次演奏会。5月20日，在音乐学院的音乐厅，肖邦参加了一次慈善音乐演奏会，演奏了《F小调钢琴协奏曲》的第一乐章。但是在这次演奏会上，观众对他的印象并不十分好。

肖邦演奏的音调太微弱，使得他演奏的钢琴协奏曲与管弦乐器无法相配合，而协奏曲中的管弦乐部分也受到了非议。

音乐教师

肖邦好像再度面临挫折，这让他想到英国，甚至美国去，到了美国的话，可能还会受到美国总统安德鲁·杰克逊的礼遇，过上安定丰足的生活。肖邦再度怀疑演奏事业的可能性。

当时，巴黎霍乱横行，肖邦的经济情况也到了山穷水尽的地步，好在雷兹威尔王子带他去了非常著名而富有的加格·罗斯恰得男爵家做客。男爵是19世纪欧洲最重要的银行世家最小的儿子。肖邦感觉自己已经被这个很有影响力而又有名望的家族接受了，并受到了热烈的欢迎。10年后，他为了感谢罗斯恰得家族对他的礼遇，便把他的《第四叙事曲》献给了加德·罗斯恰得。

虽然肖邦所接受的音乐正规训练很少，但是作为一个家庭教师，肖邦所采用的教学法却非常有系统、有效率。他坚持让他的学生研习克莱门蒂的理论方法。为了训练手指的灵活性，他还为他们编了48种"不可或缺"的指法练习教材。

不管学生天分再高，肖邦都要求他们练习弹奏他的作品，例如练习曲之类的。演奏音阶方面，他从B大调开始教导，因为他认为这样能够建立良好的手部姿势；而且在熟悉这个音阶之前，他不再教其他的音阶。他认为如果一个学生不讨厌音乐或不感到沉闷的话，三个小时的练习时间就足够了。

在乐理阐释方面，他讨厌当代人们所崇尚的那种不必要的夸张和戏剧性。为了收到更进一步的效果和更顺畅的教学，他选择的指法练习，通常都是非正统的。他是最早懂得利用心理学理论教导学生的老师；在众多学生中，他总是考虑到学生的需要与个别差异。

肖邦讲一堂课收费 20 法郎，如果到学生家中去教，所收的费用会高一些，通常他一天上 5 堂课。让人费解的是，肖邦的教学法影响了许多人，但是在他所教导过的学生中，竟没有一个能成为音乐家，继承他的衣钵。不过当了音乐家庭教师后，他开始变得富有。1832 年，他搬进了一所豪华公寓。

> 我现在身处上流社会，与大使、王子、部长们平起平坐。但是到现在我还不明白，这些是怎么得来的，我并没有想要得到它……虽然我到这里才一年时间，但是我获得了他们的友谊和尊敬。获得尊敬的证明就是那些很有名望的人，像比克西斯和卡尔克布雷纳，在我把自己的作品送给他们之前，他们就已先把他们的作品送给我了……许多有成就的音乐家都来上我的课，他们认为我的名声大过菲尔德一倍。如果我以前聪明的话，早就该向事业顶峰上走了——虽然我知道

自己尚未达到完美的境界。

这是肖邦这个时期写给亲朋的信，述说了他当时的情况。另外肖邦此时已能雇得起供自己差遣的男仆，这对一个音乐家而言，是很不简单的，他还有一辆马车，他衣着时髦，戴着白手套，出入于巴黎最贵、最时髦的商店。

出版高峰

现在出版家们都非常热切地希望与肖邦这样一位在社交场上很受欢迎的人物打交道。1832 年 12 月，他志得意满地看着自己出版的第一本夜曲集。他还有尚未完成的作品，包括 6 首钢琴练习曲，直到 1836 年在德累斯顿时，才把它们完成，后收在肖邦作品 25 号。

这时，菲尔德来到巴黎，肖邦终于有机会再听他的演奏。但不幸的是菲尔德健康情况很差，演奏得很不理想。过去，肖邦经常拿自己的作品与这位技巧精湛、极具敏锐性的钢琴名家相比较，如今他不禁对菲尔德感到失望。

1833 年 4 月，肖邦与李斯特一起开了一场演奏会。6 月 20 日他给希勒写信说："不知道为什么，此刻我的字体非常潦草。李斯特正在演奏我的练习曲，这使得我过去对他的尊敬不复存在了。"

同年 7 月，肖邦值得纪念的第一本练习曲集终于出版了。同时出版的还有《E 小调协奏曲》。

12 月，第二本夜曲集也出版了。12 月 15 日，肖邦、李斯特和希勒在音乐学院举行了一场音乐会。在这场演奏会中，他们共同演奏了巴赫的三首钢琴协奏曲。

1834 年 5 月间，是肖邦唯——次离开巴黎，他和希勒一起到阿肯参加了"下莱茵音乐节"。在这里，他和门德尔松有了进一步的交往。门德尔松写给他母亲的信中曾这样描述：

> 当我到达时，突然有人冲到我怀里，原来是希勒，他紧抱着我，显得非常兴奋。他从巴黎来听这场圣乐演奏，陷于学习困境的肖邦也和他一起来了，大家又见面了。
>
> 这次音乐节，我快乐极了，我们三个人住在一起，戏院中有我们的包厢，早上我们就埋首于自己的钢琴弹奏中。他们两人在钢琴技巧上，都有了长足进步，就钢琴演奏家而言，目前肖邦可说是第一把交椅。他创造出新的效果（例如持续音），就像帕格尼尼在小提琴方面的造诣一样。他甚至还完成了一些奇妙的作品，这都是前所未有的。希勒是个令人钦佩的演奏家，他充满活力而且很俏皮。
>
> 我们三个人一起练习，相互改进。我觉得自己老

气横秋的，因为他们都太孩子气了些。音乐节过后，我们一起去杜塞道夫旅行，在那儿度过了最愉快的一天。我们演奏、讨论音乐，昨天，我还陪他们到科伦。今天一早，他们就前往科布兹，和我说再见了！

门德尔松还在1835年10月6日给他的姐姐写了一封信，信中也提到了肖邦。

亲爱的芬妮：

我不得不说，你过去对肖邦的才华所作的判断是不公正的。他的演奏技巧很让我着迷，所以我相信你和父亲如果能听到他一些较好的作品，你们的看法也会和我一样的。他在钢琴演奏中，常常流露出完美、纯熟的技巧。他绝对配被称为一流的钢琴名家，他的音乐风格简直令我欣喜若狂……

能与一位真正的音乐家在一起，是令人愉快的，星期天晚上，肖邦让我为他演奏我的圣乐，有很多好奇的莱比锡民众偷偷溜进我的房间，都想一睹他的风采，在圣乐的第一部分和第二部分间歇的时候，他迅速演奏了他新作的练习曲，还有一首新的协奏曲，让人们惊喜万分，然后我再继续奏完我的《圣保罗》……

后来他还演奏了一首相当可亲的新曲《降D大调夜曲》（OP.27.2）……我们在一起度过的时光很愉快，

他告诉我，等冬天的时候他还会再来，到时候，我会
为他演奏我的交响曲。

肖邦在 1834 年出版的作品，有《波兰民歌幻想曲》《克
拉科维亚克舞曲回旋曲》和时髦的《降 E 大调圆舞曲》
（OP.18）。他还完成了第二本十二首钢琴练习曲集中的
七首曲子，其中包括著名的《蝴蝶练习曲》以及恐怖的
《B 小调练习曲》，这首曲子包含持续的恐怖音色和双重
八度音乐节奏。彪罗（后来成为李斯特的女婿）曾形容
这首曲子像个"非洲的野蛮人"。这是肖邦第一次尽情展
现八度音，有人则认为肖邦这首名曲的灵感，可能来自于李
斯特。

其实，肖邦对其他的创作艺术都具有浓厚兴趣。在巴黎，
他是"波兰文艺社"的会员，他花了很多时间研究祖国波
兰的艺术和政治发展，希望自己不要与祖国脱节。他甚至
还是一名极敏锐的波兰文学专家，只是法国的文学界不知
道罢了。

对于肖邦和当时所有的波兰流亡者来说，1834 年是最
值得纪念的。

在这一年，波兰诗人密茨凯维支出版了波兰史诗《潘·塔
代乌士》。雨果曾写道："谈论密茨凯维支就是谈论美丽、正
义和真实，他是个有使命感的勇士，有责任感的英雄，自由
的门徒，舆论的先声。"

《潘·塔代乌士》这本书中，密茨凯维支很鲜明地刻画出了波兰的景象、传统和精神力量，还有波兰的过去与现在。对生活在俄国铁蹄蹂躏下的波兰人而言，该书唤醒了他们的自由意识，也唤起了流亡在国外的波兰人的力量，为他们建立了一座信心的灯塔，也为肖邦的音乐注入了鼓舞人心的力量与灵魂。

坎坷爱情路

失败的恋曲

　　1835 年 4 月，肖邦在巴黎举行了两场公开音乐演奏会，这两场音乐演奏会的失败让他下定决心，不再把钢琴演奏当作终身事业。

　　4 月 4 日那天的音乐会中，肖邦演奏了一首《E 小调协奏曲》，还与李斯特合奏了一首二重奏曲，但是观众的反应并不热烈。26 日那天，肖邦再次强打精神，在音乐学院的拱形音乐厅演奏了适合钢琴和管弦乐器演奏的波兰舞曲。这首曲子是肖邦第一次演奏，它是肖邦好几年前的作品，肖邦在钢琴独奏部分加了一段夜曲作为序曲，但效果并不十分好。

　　从此肖邦就只偶尔在私人聚会的场合演奏，他把更多的时间花在了作曲上，大家所熟悉的《幻想即兴曲》就是他在这个时候完成的，但是直到 1855 年，他去世好几年后才出版。另外有好几首圆舞曲、玛祖卡舞曲、第一本正式的波兰舞曲集和两首小调的歌剧作品，都完成于这个时期。8 月的时候，肖邦终于和父母亲见面了，这是肖邦离开华沙以来首次与家人团聚，他们还去卡斯巴度了一个月的假。肖邦给在波兰的露易丝写信，说他快乐极了。

卡斯巴是一个供人养病的温泉名胜，位于奥河畔，北边的奥山山脉高耸入云，南面的波希米亚森林一望无际，一直延伸到多瑙河。能与父母亲在一起，即使是短暂的片刻，也足以让他忘却先前的烦恼，童年快乐无比的回忆又回到了他的脑海。他的父母在 9 月 14 日返回了华沙。

沃特金斯基家族是 1831 年暴乱时离开的波兰，他们定居在日内瓦，到 1835 年春天，又来到德累斯顿访问。在肖邦还是个孩子的时候，就曾与这一家族的男孩们一起度过了欢乐的童年，当时还在中学念书的男孩子就住在肖邦家里。

沃特金斯基家有个女儿叫玛丽，肖邦很吃惊地发现，她现在已长得亭亭玉立。因为格拉德科芙斯卡那段失败的经验，使得他对感情非常谨慎，但是在玛丽身上他仍然发现了一股温情，这让他情不自禁地坠入爱河。玛丽是一位很好的钢琴家，后来她在华沙的音乐会中演奏了肖邦的一首叙事曲，还有肖邦为她而作的《降 G 大调圆舞曲》。

玛丽的母亲虽然察觉了肖邦对女儿的感情，但并没有劝阻他们。其他人也注意到这件事，有位老朋友写信给露易丝："玛丽已赢得了他的心……" 9 月 26 日，肖邦离开德累斯顿，前往莱比锡。在著名的钢琴演奏家弗列德里希·维克的家中，他遇见了门德尔松和舒曼。维克的女儿克拉拉很崇拜肖邦，她 1832 年 7 月便在莱比锡音乐厅演奏过肖邦的《梦幻变奏曲》。肖邦曾说她是"日耳曼女人中唯一能够演奏我的音乐的"。

冬天很快就要过去了。肖邦患了很严重的流行性感冒，但他一直隐瞒病情，所以很多人都不知道他的消息，于是谣言四起，说他死了。

肖邦不想让沃特金斯基家的人知道他生病的事，因为他们是不会让女儿嫁给一个身体孱弱的人的，尤其是一个已经濒临死亡的人。玛丽并不在乎，可她的母亲很在意。

1836 年 7 月，沃特金斯基家邀请肖邦与他们一起去马里恩巴德度假。马里恩巴德是靠近卡斯巴的波希米亚温泉胜地，肖邦应邀前往。8 月的时候，他终于有机会和玛丽单独在一起。他们沿着乡间小路散步，这对肖邦而言，是很幸福的一段时光。9 月初，沃特金斯基家人前往德累斯顿，肖邦也随行。在这儿，他创作了优美流畅的《降 A 大调练习曲》，这首曲子是他第二本练习曲集中的第一首，还有另一首取材于威特威基的一首诗，反映出了肖邦的感情。他已经看清楚了他与玛丽的命运与不可避免的结果，为此他还写了一首很伤感的诗歌。但是可能因上次暗恋的痛苦，他下定决心向玛丽求婚，她接受了。但是她的家人却没有立刻同意，他们要看看肖邦日后的表现再作决定，他们还特别规定肖邦晚上不得在巴黎贵族的沙龙中厮混。

9 月 11 日，肖邦离开他们经过莱比锡，在这里与舒曼短暂相聚，他演奏了尚未完成的《第二叙事曲》的一部分，并把它献给了舒曼。两年后，舒曼把自己的作品送给肖邦，以做回报。当时，肖邦还演奏了他第二本练习曲集中开头的两首曲子。舒曼后来回忆说：

> ……一架钢琴上虽然有这么多音阶，但他却把它们糅合在一起，弹出了各种不同的奇妙乐曲、动人的曲调，这柔和的旋律让人构思出一幅动人的图画，犹如巨浪奔腾般的降 A 调和弦，随着琴键的变化而增减音量……当他的练习曲演奏完毕后，我感觉如同进入了极乐的幻想世界，仿佛是一场梦。……后来他又演奏了第二首 F 小调……梦一样柔和，就像是一个小孩睡觉时所唱的歌曲。

舒曼很欣赏肖邦的变奏曲，并且以一首夜曲为蓝本，改写了一首变奏曲。肖邦没有刻意地驱使自己接受或回报舒曼的这种友情，他无法推心置腹地把自己生活的秘密、悲伤、狂喜告诉舒曼。后来，他与舒曼间的友谊逐渐褪色了。肖邦的《第二叙事曲》出版时，只淡淡地写了"给罗伯特·舒曼先生"几个字。肖邦一直很孤独，他很少把自己心中的秘密告诉朋友，别人想与他交朋友也很困难，他总是保留着一层贵族式的隔阂，刻意让人与人之间的距离明显存在。

回到巴黎后，肖邦立马把沃特金斯基夫人的劝告忘到了九霄云外，又开始过上了自由自在的社交生活，他的健康情况很不好，后来再次病倒了。虽然表面上看起来很像是感冒，但是沃特金斯基家人最后还是决定不让玛丽嫁给他。玛丽的爱情控制在父母手中，在当时，她是不能对父母的决定提出任何疑问或加以反抗的。

肖邦复原后，曾给沃特金斯基家写信、寄礼物过去，但是一直没有得到回音。等得到回复的时候，肖邦知道自己失败了，最后他把信件和所有与玛丽有关的纪念物品捆扎起来，并在上面用波兰文写上"我的悲痛"。

音乐心声

他虽然克服了这次感情失败，但是很长一段时间，他的音乐中都反映出了他的沮丧，例如《第二谐谑曲》中，出现了暴风雨和风雨后的宁静两种强烈的对比，还有他著名的《葬礼进行曲》也是如此。

在这段时期，肖邦还作了一首极具趣味性的作品，这是他在贝里尼的最后一部歌剧中的曲子。他另一首进行曲出现在一场命名为"海克色马隆"的音乐会中。演出这场音乐会的最初目的是援助意大利难民，这是在公主的授命下进行的。人们对它的评价很不错："虽不矫揉造作和刻意讨好观众，却极具娱乐价值，能让富有的贵族们慷慨解囊。"还有人作了结论说："这是 1837 年巴黎音乐界的高潮、李斯特的缩影，不但是一场欢愉、成功的音乐会，更是一场历史性的音乐会。"

肖邦在这个时期结交了一位新朋友，年仅 17 岁的查尔斯·哈雷。有德国血统的哈雷后来成了英国曼彻斯特皇家音乐学院的校长，1836年到1848年间，他住在巴黎。从他给家人写的书信中，能够看出他的思乡之情，还有他与肖邦间的友谊：

> 一天晚上，我和朋友一起吃晚饭，我们受到了非常热情的款待。还听了肖邦的曲子，我兴奋得差点跳进塞纳河。这时我才发现过去所听到的一切似乎都毫无意义。
>
> 肖邦简直就是一位天使、一位神。肖邦自己演奏自己的曲子，那是一种永远无法被超越的快感……与肖邦相较，卡尔克布雷纳只是个孩子。
>
> 听肖邦的演奏，我能想象出小精灵般手舞足蹈的场面。他的曲子给我留下了很深刻的印象，真的太美了！……简直是从天而降的仙乐——如此精纯，如此清晰，如此充满灵性。每次想到它，我都能感到一阵激动……

后来，他还在自传中写道：

> 和肖邦熟悉后，我便更崇拜他了，现在我才了解到，我之前的感觉是一种迷惑。肖邦的外表很吸引人，他面容轮廓分明、肤色清澈、浅棕色卷曲的头发、虚

弱的骨架，他贵族般的举动如同王子一样，这些都让他显得很突出。经多次接触后，我们的关系更接近了，虽然在当时，我从来没表露过自己可能成为一位钢琴演奏家的知音，但他还是好像很了解我似的把我当成他的学生。我不仅崇拜他，还很了解他。经过一段时间的接触，我们成了真正的朋友，我很高兴地说，这种友谊会一直维持到他与世长辞。

肖邦在 1837 年 7 月，渡过英吉利海峡，到英国访问了两个礼拜，当时年轻的维多利亚刚被加冕为英国女王，登基才几个礼拜。

肖邦和朋友一起到泰晤士河游玩，他们还去了以海鲜著名的一些旅游小镇。肖邦很低调，他不希望人们知道他的身份，但他曾在英国的钢琴制造名家詹姆斯在伦敦的家中演奏过一次。詹姆斯的父亲叫约翰，他曾把自己制造的钢琴送给了贝多芬，这件事曾轰动一时。

10 月的时候，肖邦回到了巴黎。他把《第二练习曲集》献给了当时正与李斯特同居的玛莉女伯爵。在当时，李斯特和女伯爵之间的风流韵事是巴黎社交界闲谈的话题。

肖邦是个天真无邪的人，他不喜欢别人的闲言闲语，可是不久后他也陷入了相同的局面中。

邂逅乔治·桑

乔治·桑原名露西·奥罗尔·杜邦，1804 年出生于法国一个军官家庭，比肖邦大 6 岁。她 18 岁结婚，丈夫性格沉闷，很少关心她的内心世界。她曾经安于现状，努力修复过与丈夫的关系，但是她与丈夫的性格实在没有共同点，所以最终婚姻破裂了。

结婚后 9 年，乔治·桑离开家庭，来到了巴黎，她突然发现在这里，她能够自由自在地与音乐家、作家以及画家们在一起。在这里，她能够热情地追求自己的生活。这一切都符合她独立、自由、浪漫、坦率的个性，也能满足她的种种要求。她曾给母亲写信说："我所需要并不是社交、嘈杂、戏剧与衣服……而是自由。在巴黎，我随时可以外出，不管几点，哪怕午夜也没关系，这是我自己的事情。"几年后，她的个性越来越潇洒，特质越来越明朗化。

1831 年是乔治·桑成为小说作家及剧作家的开始，她的文学才华与当代的伟大作家雨果、巴尔扎克、拉马丁等人相比是有些逊色，但她的书却很受读者欢迎。

但是关于她的负面评价也很多，她被人们称为是家庭和谐的破坏者，私生活颇受非议。她是个高产的作家，作品总共有80多部，有些是自传，其中还有许多被改编为戏剧，颇受好评。有《莱丽娅》《雅克》《康素爱萝》《安吉堡的磨工》和《莫普拉》。其中长篇小说《安蒂亚娜》让她一夜成名。

她的哲学呈现出了精神解放的倾向和对社会制度的反叛，她当时是李斯特的情人玛莉女伯爵的亲密朋友。1836年秋天，乔治·桑参加女伯爵在法兰西旅馆举办的晚会，晚会邀请了很多音乐界、文学界的知名人士。肖邦也在邀请之列，这是他与乔治·桑的初次见面。起初肖邦对乔治·桑的印象并不是很好，但是，在12月13日他送了一张请帖给乔治·桑，邀请她参加他主办的晚会。

后来来往越来越频繁，肖邦与乔治·桑的关系逐渐由暖昧变得明朗化，他们在一起的消息传开后，给他们惹来了很多麻烦。例如，有一次乔治·桑的一位情夫妒火中烧，满大街追赶从肖邦住所出来的乔治·桑，为了躲避，她决定带着8岁的女儿去马约卡岛度假，肖邦随后也跟着去了。

肖邦与乔治·桑的雕像

马约卡岛是西地中海的巴利阿里群岛中的第一大岛，一直被西班牙统治着。从古至今，这个岛一直是腓尼基人、希腊人、迦太基人以及罗马人的避难所，这些人占领过的遗迹还留在岛上。这些伟大的古迹，高大的城墙和堡垒都是由巨大的石头筑成的，它们孤独而雄伟地耸立着。后来，马约卡岛成为摩尔帝国的前哨，也成为海盗们的大本营。到了肖邦这个时代，岛上的美丽风光已经被世人们所熟知。

马约卡岛上的居民非常穷困，他们还过着畜牧生活，酿酒、剪羊毛、养猪等，然后再把产品送到西班牙本土上贩卖；也有人靠挖掘大理石或铜矿等为生。总之，他们还过着他们祖先那种比较落后的生活。

但是肖邦和乔治·桑在这里却能感受到自由自在的气氛，所以他们对这里的居住环境丝毫没有介意。乔治·桑心情非常愉快，在到达马约卡岛一个礼拜后，她写道："你如果到了这里，就想要在这里买一块地，建一栋房子，并订购一些家具。只要能获得当地政府的许可，你就能在这里住上个五六年……"

11月19日，她给朋友朱利安·方塔那写了一封热情洋溢的信，因通信不便的原因，这封信到达巴黎时，圣诞节已经过了。

> 我现在住在帕尔玛，这里有棕榈树、香柏、橄榄树、
> 石榴树等。天色晴朗，空气很好，海水蔚蓝，山色像

珐琅，空气像天堂。太阳整天照耀着，很炎热，大家都穿得很少。夜晚时，能听到好几个小时的吉他演奏和歌声。宽敞的阳台上覆盖着葡萄藤，城镇的外围有摩尔式的城墙。和这座城市的外貌一样，一切事物看起来都很有非洲风味。总之，生活得很惬意！去找普莱尔，跟他说，钢琴还没有送来，并问他要什么时候才能送过来。不久后，你就会收到几首曲子。我或许要住到一所很不错的修道院里，这所修道院的风景简直是世界上最美的，有海、有山、有棕榈树、有墓园；一座十字军时代的教堂；千年树龄的橄榄树。噢，亲爱的朋友，我显得比以前更有朝气，这里的一切太美好了！

不久后，肖邦与乔治·桑搬到了帕尔玛附近村庄里的别墅。这是一所小巧、朴实，粉刷得很洁白的四方形房子。百叶窗，门口有一段碎石铺成的阶梯，里面的家具摆设非常简陋。这里的气候非常特殊，已经11月了，却还像巴黎的夏天一样炎热。这种气候对肖邦的身体非常有益。

肖邦经常和乔治·桑还有她的孩子们一起在乡间的小路上散步。这些年，肖邦的健康情况一直不稳定，在一次外出回家的路上，海面上吹来的狂风，让肖邦原本不太健康的肺变得更加虚弱。而这似乎成了他整个生命中的一个转折点，从此他的健康情形一直没有起色。

气候渐渐转凉，冬天即将来临。肖邦的支气管炎更厉害了，生活条件的恶劣加重了他的病情。雨水让他们居住的小屋变得很潮湿，燃烧的炭火冒出来的强烈烟火使空气中溢满了一股令人难受的气味，但这却是唯一能够御寒的办法。

肖邦的咳嗽越来越厉害了，12月3日，他在帕尔玛给朱利安·方塔那写的一封信中，非常幽默地描述了他痛苦的处境：

> 两个礼拜以来，我病得像条狗。在18度的气温下，我得了感冒，不管是玫瑰花、柑橘、棕榈叶、无花果，还是岛上三位最有名望的医生都对我无可奈何。第一位医生闻了闻我吐的痰，说我死定了；第二位医生踩了踩我的痰，说我快要死了；第三位医生听了听我咳嗽的声音，说我将要死了。

肖邦生病的消息很快便传遍了村庄，别墅的主人要求赔偿，他认为房子被"玷污"了，他需要一笔消毒费。在这种情形下，肖邦和乔治·桑陷入了困境，因为他们在那所古老修道院中的房间还没有准备妥当，目前还不能住进去。

那是一所位于高山森林中的修道院，是肖邦和乔治·桑旅游的时候无意中发现的。两年前，在政府的命令下这所修道院中的最后一批人员解散了，于是留下了这座空虚而沉寂的修道院。

修道院地窖的出口处有一座有墙的花园，因为长久无人居住，不但花木茂盛，而且蔓草杂生。山谷边上有一片葡萄园、橘子园和杏树林。修道院外面还有一道围墙包围着，南方的围墙有道缺口，天晴的时候，从这道缺口向外望去，能看到远处地中海碧蓝的海水。乔治·桑陶醉在这片荒无人烟、迷人的大自然的景色中。他们用一年35法郎的租金订下了一间地窖、三个房间、一座花园。

12月15日，肖邦和乔治·桑决定搬到修道院去。肖邦的病情仍然很严重，一天前，乔治·桑还写道："他的身体正在复原，我希望他能比以前更好。他像天使一样善良、有耐性，这与周围的人迥然不同。……困难的环境让我们更团结、更亲密，我们互相依赖着。"

肖邦和乔治·桑很喜欢这里的环境，但是没想到的是，海风带给这里的湿气以及像小雨一样缠绵的雾气是非常恼人的。阳光只偶尔在早晨出现，然后在另一个山头上就消失了，所以冬天很少见到太阳。

即使气候恶劣、食物缺乏，新环境仍让肖邦感到异常兴奋，他尽力让自己保持愉快。圣诞节过后几天，他给朱利安·方塔那写了封信：

　　……几英里外的维德莫沙有一座宽敞的修道院，正好建在满布豆岩的峭壁和海洋之间，在这里，你也许能想象得出我不戴手套，不梳头发的样子，还有像从前一样苍白的脸色……

地窖的门，形状特殊，这是巴黎从来没见过的。整个地窖如同一个高大的棺木，上面有覆盖着沾满厚重灰尘的圆屋顶。窗户外面有橘子树、棕榈树和香柏树，我的床上有个摩尔式金银丝细工编成的蔷薇花穗子。床边有张方形写字桌，我很少用这张桌子。桌子上有一只铅制的烛台，上面点着一根蜡烛。桌上放着巴赫的作品，我的草稿，一堆废纸。

一切都显得那么寂静，你可以叫喊，但还是寂静。真的，我就是在这么一个奇怪的地方写信给你……

在这里，大自然是友善的，但人们并不友善，他们从未见过陌生人，也不需要与人来往，橘子不用花钱，但是一个纽扣却要一笔巨款……如果你拥有这个天地、这种诗意，能呼吸到这里特有的空气，一切的不容易又何足挂齿？

创作巅峰

马约卡岛上的创作

肖邦热恋着乔治·桑，虽然乔治·桑形容自己对肖邦的感情，仅为"母性的爱"。她正着手写一本小说，并忙着教导她的小孩。乔治·桑还养了一只羊，以便挤羊奶。她亲自料理三餐，并且让新环境像个家的样子。她也与孩子们一起嬉游，还和他们一起到帕尔玛去看戏，但她最主要的心思还在小说创作上。肖邦则继续作曲，因为身边有乔治·桑，让他得到了很多灵感。肖邦由于健康不佳，不得不待在修道院里。当他独自一人时，他觉得非常恐惧不安。据乔治·桑的说法，维德莫沙对肖邦而言，是个充满着恐怖和幻象的地方。

乔治·桑和肖邦最初计划到马约卡岛时，是想获得更进一步的创作经验，但是事与愿违。肖邦创作新乐曲的梦想只实现了一部分。他的钢琴由于运输不便，直到1839年元月中旬才送到，所以他只好先使用当地的粗劣钢琴。

《前奏曲集》终于完成了，在1月22日，他给朱利安·方塔那写信，请他亲自交给普莱尔。虽然这本乐集的大部分是在来马约卡岛以前写好的，但其中至少有4首是在岛上完成的，其中一首到 11 月底才完成，那时的肖邦正卧病在床。这首曲子后来被改编成了风琴曲，并且在肖邦出殡时演奏过。

这是凄婉的哀歌，每个音符似乎都很有意义地反映出了他内心深处的思维和感触。在同一张乐稿上，肖邦谱了一连串悲哀、奇特的音符，这就是《A 小调前奏曲》以及《E 小调玛祖卡舞曲》。稍后出版的第 41 号乐曲集中，就有这两首曲子。

乔治·桑在她的小说《我的生活故事》中提到，一天暴风雨过后，她回到修道院，听到肖邦正在演奏《前奏曲》，伴着屋檐滴下来的雨滴声，交织成了奇妙的和谐感。乔治·桑写道："我当时让他注意这些雨滴声，但他根本听不进我的话，甚至对我用'模仿的和谐'这个词感到恼怒。其实，他是对的，他的天才就充满了大自然的神秘与和谐，根本不需要模仿。"

乔治·桑所说的这首曲子，从没有被人发现过。有人说，可能是那首《B 小调前奏曲》，因为曲子中有故意的停顿，而且右手弹奏部分有反复使用同一个音符的情形。但人们通常都会想到另一首《降 D 大调前奏曲》，也就是那首非常流行、被人称为《雨滴前奏曲》的曲子，因为它有着相同的持续曲调，并且从头到尾保持不变的八分音符……

不知道肖邦当时的心情如何，但是他想要在音乐中表现的东西是抑郁、庄严的，就像死亡幽灵的呢喃一般。但是有一首短的《降 B 大调前奏曲》是例外，在这首曲子中能看到一线刺过黑暗云层的阳光。

肖邦在马约卡岛的作品差不多都是很忧郁的，似乎都表现了他内心所受的煎熬痛苦。例如他那首悲剧色彩浓厚的作品《C 小调波兰舞曲》就曾被俄国作曲家比喻为"波兰沦陷的悲歌"。

　　人们都认为，肖邦那首忧郁的《C 小调波兰舞曲》和另外一首姐妹作有一个很强烈的对比。那首充满了希望的姐妹作《A 大调波兰舞曲》是他 1838 年前往马约卡岛前，在 10 月作的。一种严厉而残酷的现实生活取代了早期单纯而美妙的生活景象，肖邦已濒临绝望的边缘。

　　暴风雨的乌云表现在他戏剧化的《第三谐谑曲》中。1839 年 1 月，他着手写这首曲子，同年夏天完成。他把这首曲子献给了他最亲密的朋友，也就是他的学生阿道夫·古特曼。古特曼比肖邦小 9 岁，他是第一个强有力地演奏出谐谑曲的和弦节奏的人，他因此声名大噪。有人说他这种强有力的演奏，"使桌子都被敲破了一个洞"。

　　肖邦终于看清了他们所处的环境，周围的人们不和蔼，他内心孤独，气候对他的健康有不利影响等，这一切都加深了他的不安，也影响了他的行为，最后，他整个人差不多快要被这种困苦的环境所吞噬，内心也受到了严重的伤害。最后，他与乔治·桑不得不决定结束他们的马约卡岛生活。冬天的雨季结束后，他们离开了这个岛屿。

诺昂的创作生活

1839年2月13日，肖邦和乔治·桑还有孩子们搭上了"艾尔·马洛奎"号。肖邦衣着褴褛，前往巴塞罗那时，海上波涛汹涌，他却没有得到适当的照料。他们被一艘像装了一群活猪崽似的船运送着，抵达巴塞罗那后，他们赶紧转搭了一艘法国船，肖邦这才获得了适当的医药治疗。这个时候的肖邦就像经历了一场探险后的幸存者，显得憔悴不堪。

休息一个礼拜后，肖邦和乔治·桑动身前往马赛。在这里，肖邦恢复得很快，从他写给友人，特别是朱利安·方塔那的信上，可以看出他的一种警觉性的商业头脑。他已不再是那个年轻、毫无经验的作曲家，他急于把自己的作品推销出去，并且能按照自己所开出的条件完成交易。

肖邦的身体好了些，他努力使自己和乔治·桑之间的生活变得更愉快、充实。他鼓励她，让她能在波兰文学中得到一些乐趣，并为她翻译了波兰诗人密茨凯维支的作品。后来她还写了一篇叫《歌德·拜伦·密茨凯维支》的文章。肖邦说这篇文章"每个人都应该阅读它，它能振奋人心"。

肖邦虽然喜欢过平静的生活，但是在1840年4月24日那天，他在一次公开场合露面了，是去参加他的一位法国男高音朋友的纪念会。

5月，肖邦和乔治·桑去热那亚旅行，这个城市对乔治·桑而言，有许多值得她回忆的东西，因为在1832年的时候，她曾和一位诗人私奔来到这里。

6月，她和肖邦搬到了她在诺昂的乡间住宅，在这里，他们和朋友们一起享受了温暖的夏季和乡间生活的乐趣。在诺昂生活的这几年，肖邦的创作才华达到了巅峰。

最初，肖邦对乔治·桑那栋路易十六风格的房子和内部摆设很着迷。他给童年好友葛兹马拉的信中说："这个村子非常美丽，有夜莺和云雀。"平静的乡间景致也时常会出现在乔治·桑的作品中。当时一位现代作家艾琳娜曾经这样描述乔治·桑的庄园："这座庄园朴实而美丽，大门就对着广场和花园，这个季节，还能闻得到白色的紫丁花香，很难得；灌木盆景陈列在阳台上；葡萄架形成了草坪上的走道，陈旧的塔上是一群野鸽子的窝巢。庄园还有一间农场、一片树林，树林里长满了野生草莓。蜿蜒曲折的因得河像一条飘逸的丝带从附近流过，让人陶醉。"

肖邦的一些朋友对这个庄园也印象深刻。画家德拉克罗瓦说："这是个令人愉快的地方……偶尔会有一阵风吹过你的窗户，玫瑰花香芬芳扑鼻。从肖邦房间里传出他正在作曲时弹出的音乐声，与夜莺的歌声混合在一起。"

　　玛莉女伯爵回忆："沿着因得河畔，一条长长的丛林小道散步，那里的草地长满了勿忘我、荨麻，还有英国雏菊，攀越过粗陋的篱笆，会遇到许多鹅群和牛群……"

　　乔治·桑自己也这样记录："我们过着一成不变、单调、宁静、柔和的生活。在户外吃晚餐，朋友们常来探望我们，一会儿这个，一会儿那个，我们抽烟闲谈。晚上他们都走了，肖邦在幽暗的夜色中弹奏曲子给我听，弹奏完毕后，他就像小孩子一样，上床睡觉……"

　　在乔治·桑悉心的照料下，肖邦激发出一股子创作的劲头和灵感，他要在夏天专心地写出有创意的乐曲。

　　除了他刚到诺昂不久写的软弱无力的《G 大调夜曲》（OP.37.2）和《升 E 大调即兴曲》外，他主要的作品是作于1839 年的狂烈的《降 B 小调钢琴奏鸣曲》，这首曲子被他加入了 1837 年所作的《葬礼进行曲》。1840 年 5 月，这首曲子刚出版的时候，引起了很多非议，甚至舒曼对它也很鄙视。但在今天看来，它算是肖邦最伟大的作品之一，它是一首雄伟壮丽的曲子，任何文字或诗篇都很难恰当地形容出它的音乐本质和它所包含的具体含意。这是肖邦创作的第二首钢琴奏鸣曲，写第一首《C 小调钢琴奏鸣曲》时，他还是华沙音乐学校的学生。后人把两首曲子进行比较后，发现这段时间内，肖邦的进步是很神速的。

　　《降 B 小调钢琴奏鸣曲》的完成，再一次显示出肖邦具有成为伟大作曲家的潜质。

夏天结束了，诺昂似乎也不再像从前那样吸引肖邦了，他热切希望回到巴黎，回到他的朋友、他流亡的同胞身边，回到社交界和知识分子的环境中，这是他 10 年前所习惯的生活方式，他为回去做了准备计划，方塔那一边为他安排商业上的事情，一边为他和乔治·桑分别寻找住宿的地方。

肖邦和乔治·桑想要在人们面前表现出一种艺术上的知己关系，而不是一对热恋的情侣，他们也成功地瞒过了很多人，包括肖邦的父母。

巴黎的辉煌

回到巴黎，肖邦和乔治·桑的房子就在最繁华的闹市区，他们立刻沉溺于贵族的社交场合中，他们过着一种有限度的家庭生活：乔治·桑的女儿索朗日通常到周末才回家，儿子莫里斯正在向画家德拉克罗瓦学画。

肖邦在音乐和娱乐中度过了冬天，但是，他的创作大减，因为他觉得诺昂的宁静气氛更适合作曲。在以后的几年中，他的乐曲几乎都完成于夏天，所以他的创作量非常有限。另外他的作品量不大还有两个理由：第一，他对自己的作品要求很高，总是不满意，修改花的时间太多；第二，他的朋友兼抄写员朱利安·方塔那在 1841 年去了美国游玩，肖邦只能自己费力地抄写。就像莫扎特一样，他总觉自己的时间不够用，不能按自己的想象发挥自己的作曲能力。

1839 年年底，肖邦再次与朋友莫克里斯接触，并演奏《降 B 小调钢琴奏鸣曲》给他听，莫克里斯很喜欢这首乐曲。几天后，他们一起到法国的宫廷中演奏，肖邦受到了热烈欢迎。莫克里斯不仅是画家、指挥家、作曲家和作家，还是一位编辑，他和费底斯合作出了一本《钢琴演奏方法》。这本书中有莫克里斯邀请肖邦写的《三拍练习曲》、李斯特写的《沙龙音乐短曲》，以及一首 1836 年由门德尔松所作的《F 小调练习曲》。

1840 年都是在巴黎度过的，主要因为乔治·桑 4 月推出的戏剧失败，所以她负担不起在诺昂的生活费，更无法邀请宾客前去度假。巴黎的生活激不起肖邦的创作欲望。1840 年到 1841 年秋冬之际，肖邦发表了一首华丽而独创的《升 F 大调波兰舞曲》和《第三叙事曲》，这两首曲子都是 1841 年夏天创作于诺昂。两首曲子中，比较有戏剧性的是前者，李斯特深受感动，他描述道：

> ……中间部分简直如同冬天破晓时的第一道曙光，穿透了阴沉与灰色，像一首浪漫的诗篇，展现了奇妙而罗曼蒂克的、变幻的情绪……让人感觉恶兆当头，像暴风雨来临前那一刻绝望的叫喊声回响在耳际……

这段时期，肖邦的另一首主要作品是《F小调幻想曲》，这首曲子于1841年5月完成，证明了肖邦的艺术修养和灵感，并深具震撼力。

　　社交方面，1840年是肖邦比较平淡的一年。12月的时候，肖邦和乔治·桑去法兰西学院听文学系的教授密茨凯维支演讲斯拉夫文学。另外，为了纪念1830年7月波兰抗暴革命10周年，举行了一次非常庄严的仪式，当年为了实现革命理想而牺牲了宝贵生命的波兰志士的姓名都被刊载在了《巴士底狱日报》的纪念专栏中。为了纪念这个特别的日子，肖邦的朋友贝里欧兹还写了一首《胜利交响曲》，用大型乐器演奏声伴着唱诗班的和声，很像早期的《安魂弥撒曲》，是相当成功的。这首作品建立了贝里欧兹在巴黎的名声——它华丽而庄严，具体地表现出了自由和光荣，这种特征正是法兰西和波兰革命分子长久以来所推崇的。

业界的评论

　　1841年4月26日，肖邦在普莱尔的沙龙中举行了一场半私人性质的音乐演奏会，到会的观众们都是一些上流社会的贵族和朋友，还有他的学生。20法郎一张门票。当时的习惯是一场演奏会中，总有两个以上的音乐家共同演出。当时歌剧女高音罗拉·西提·戴玛洛和小提琴演奏家亨利奇·威汉·恩斯和他一起参加了演出。在这场演奏会中，肖邦获得了很高的赞誉，《法兰西音乐杂志》的编辑这样评论：

> 肖邦是一位具有独特风格的作曲家。他为自己作曲，为自己演奏……他在钢琴上所奏出的前奏曲灵活而柔美，并且充满创意。肖邦是一位杰出的演奏家，我们不应该，也不能拿任何人来与他比较。

李斯特在《音乐公报》上所发表的评论也很有特点，他没有重点评价肖邦的艺术造诣，而是对这场演奏会的神奇景色、柔美气氛，以及争奇斗艳的社交名流进行了描写：

> 上星期一晚上8点，普莱尔的沙龙里灯火通明，川流不息的马车载着雍容华贵的女士、穿着时髦服装的年轻男子、最著名的艺术家、最富有的财阀、最显赫的贵族。他们都是社会上地位显赫、家财万贯、才华盖世的人。
>
> 舞台上摆着一架钢琴，人们争先恐后地朝第一排位子上挤，他们不愿错过任何一个和弦和音符，更不愿错过任何一个观察演奏者的机会。他们很贪婪地专心致志，他们有一种宗教般的兴奋，他们在热切地等待着一个人，这个人是他们要看、要听，要崇拜和喝彩的，他有比音乐名家、钢琴专家更显赫的头衔，他

就是肖邦。

星期一的音乐演奏会中，他选择的曲子远离了古典音乐的形式。他没有演奏协奏曲或奏鸣曲，也没有演奏幻想曲或变奏曲，他演奏了前奏曲、练习曲、夜曲和玛祖卡舞曲。他面对的是一个社会，不是一群民众，他气定神闲地向人们展示自己的内涵：一个深奥、纯洁、如梦般的诗人。他不在乎别人的震惊诧异，他寻觅的是同情心而不是嘈杂的喝彩声。但是我们能感觉到那种同情心并不少，因为当第一个和弦响起的时候，他就在自己与观众之间建立起了一道很亲密的桥梁。他还重复演奏了两首练习曲和一首叙事曲。如果不是他那张苍白的脸色已明显表示出他很疲倦的话，观众们很可能要求他把整个节目再演奏一遍。

这篇评论很长，虽然其中有些称赞，但是它的语调激怒了肖邦，原本对李斯特很冷淡的肖邦，现在变得更加冰冷，他甚至有时还讽刺李斯特及李斯特所代表的一切。1841年11月13日，他给朱利安·方塔那写信说：

李斯特在科隆大教堂演奏会上发表的作品让我感到很有趣，算起来有15000人，有会长、副会长、爱乐协会的秘书和那种马车，还有那个港口和那艘轮船！他将成为阿比西尼亚或者刚果的首长，甚至是国王；至于他在作曲中的旋律，我想他将会在报纸上安眠吧。

12 月的时候，肖邦被邀请为法王菲利普一世举行一场音乐演奏会，地点是维勒。作为这场演出的报酬，他得到了一套很值钱的瓷器。

这段时期中，肖邦所作的曲子大约受早年那些琐碎的悲剧性回忆的影响，不仅充分表现出了他的个性，也笼罩着大量的成熟意识和情绪。特别能表露这种典型的是《C 小调前奏曲》，它完成于八九月间。《C 小调前奏曲》11 月问世的时候，被选为当时出版的一本选集《贝多芬纪念册》中的一部分，其中还有一首门德尔松的变奏曲。

肖邦在 10 月的时候完成了两首梦幻曲，第二年 1 月，在莱比锡由布里克夫和哈代出版。这两人都在不遗余力地推销肖邦的作品，早在 12 月时，就为这两首曲子广做宣传。舒曼在一家德文报纸上发表了他对这两首作品的评论，他虽然欣赏和崇拜肖邦，但是他的评论不失中肯，也有一个批评者的挑剔：

现在肖邦出版的任何乐曲，即使不写他的名字，也能被人认出来。这种说法既是赞赏也是责难。这对他的天才是一种赞赏，而对他所做的努力，则是一种责难……虽然从他的作品的外貌看起来，它们是创新和有创意的，但他所保留的是一种相同的内涵，并且我们几乎在一开始时，就担心他没有更出色的表现，因为他已经太不平凡了。虽然他的成就足以让他的名字留在现代的艺术史上永垂不朽，但他限制了自己的天地，把自己的艺术窄窄地局限于一种钢琴音乐中。以他的才能，他本该爬到了不起的高超地位，并且由彼处观照我们的艺术，对当今乐坛做一番整体的、严密的、进步的影响。

1842年2月21日，肖邦再次在普莱尔的沙龙中出现，他和大提琴家法郎哥曼共同演出。从当时的《音乐评论》报道中，我们就能感觉出当时的盛况：

> 肖邦在普莱尔家举行了一场迷人的晚会，一大群堆满笑容、柔和而像玫瑰般的脸在晚会上穿梭……这是一场华丽的晚会，简单中却包含着端庄和高雅，并且菜肴非常丰盛。金光闪闪的丝带，柔软的蓝色薄纱，成串颤动的珍珠，最新鲜的玫瑰花和木樨草——简单一句话，上千种最漂亮、最鲜明的色彩——不断地混合着，交迭着；放眼望去，这个像王宫般气派的沙龙里，全都是一些最迷人的女人。

那年夏天，肖邦还是在诺昂度过的。德拉克罗瓦曾经来这里住过一段时间，并且画了一些画。肖邦在这里听到了许多首民谣曲调的乐曲，这种乐曲由一种类似风笛的乐器演奏。他把其中一些抄下来，编进了《乔治·桑音乐纪念册》中，而乔治·桑在她的一个剧本中也采用了一些这种曲调，1849年，这出戏剧曾在巴黎上演过。这种一度被肖邦所喜欢的小舞曲，在肖邦生前始终没有出版或表演过，直到1968年及1973年，才由伦敦的热心人士分别加以出版并编排演出。

在那一年中，肖邦最重要的作品有《降A大调波兰舞曲》《F小调第四叙事曲》以及《E大调第四谐谑曲》。这三首曲子中的波兰舞曲和后来的一首《幻想波兰舞曲》，算是肖邦的波兰舞曲中最出名和最具代表性的作品。

肖邦的学生古特曼说："像著名的八度音乐曲中的音调一样，肖邦以我们所习惯的方式，奏出了如雷之声，但开始

德拉克罗瓦绘的肖邦肖像画

德拉克罗瓦绘的乔治·桑肖像画

演奏时，是以极弱的节奏，继之则渐次加重……肖邦从来不做重击之声。"查尔斯·阿勒爵士支持古特曼的看法，他的自传中写道："我记得有一次，肖邦遇见我。他温和地把一只手搭在我的肩上，告诉我他感觉非常不愉快，因为他听到他那首《降 A 大调波兰舞曲》被人误弹，以致整个富丽堂皇、高贵灵感的曲调都被破坏。可怜的肖邦，现在就躺在坟墓中，一定在心神不宁地扭动着，很不幸，这种对于音乐的误解已成为了一种时尚。"

产生隔阂

1841 年夏天，20 岁的女高音波琳娜很快蹿红。1839 年 5 月，她曾在伦敦的皇后戏院演唱了罗西尼的歌剧，并到诺昂给索朗日当了音乐教师，与肖邦和乔治·桑共度了两周。肖邦说："我们很少谈音乐。"乔治·桑与波琳娜间发生了矛盾，但是肖邦却一副置身事外的样子，这注定了肖邦与乔治·桑之间终究会产生不可调和的矛盾。

乔治·桑的女儿索朗日从小在不正常的环境下长大，她是个被宠坏的女孩，自私、缺乏纪律。在她来诺昂度暑假前，乔治·桑曾给她写了一封信："你的哥哥和我都很爱你，但是对于你的一些过错，我们并不打算姑息。你必须要改正这些过错，要根除你的自私自利、喜爱发号施令及疯狂而愚笨的嫉妒心。"索朗日虽然有这些缺点，但是她总会想出方法取悦肖邦。肖邦对索朗日缺乏自制的态度感到恼怒，但乔治·桑并不了解他恼怒的原因，她在 6 月 20 日写道：

> 他只想离开这个房子……我从没有，将来也不敢奢望能与他一起和平相处……前天，他一整天都不曾与任何人说话。他生病了还是有谁激怒了他？我是否曾说过一些让他感到恼怒的话？我永远不会知道……我不能让他认为，他是这里的主人，那样的话，他将会变得更加跋扈、暴躁。

这次插曲造成的摩擦似乎并不是很严重，秋天的时候，肖邦与乔治·桑之间又恢复了和谐，他们决定一起回巴黎同居。

1844 年对肖邦来说是很重要的一年，这一年是他生命和艺术上的高潮，也是关键性的一年。艺术上，《B 小调钢琴奏鸣曲》在夏天完成，这首曲子是他最伟大的成就之一。和早先那首《降 B 小调钢琴奏鸣曲》比起来，这首曲子更为安详宁静，比较没有戏剧色彩和紧张感；从技巧上看，肖邦超越了自己，这种奏鸣曲所演奏的凯旋乐章似乎是对他自己在音乐上的胜利的一种喝彩。此后他便没有再写出如此具有形象的作品。

5 月的时候，他的父亲去世了，这让他感到沮丧，但是这首《B 小调钢琴奏鸣曲》并没有反映出他这几个月以来所经历的丧父的哀恸心情，可见他已学会了如何控制自己的情绪。尽管肖邦是个音乐天才，但是他也是一个缺点不少的人。乔治·桑对他的哲学态度和喜怒无常的坏脾气，感到非常困惑，因此她写了一封信给他的姐姐露易丝，邀请她和她的先生到巴黎来探望肖邦，并在夏天时一起到诺昂。

> 你们一定会发现，从上次你们看过他以后，我那可爱的男孩（肖邦）变得更脆弱，改变更多。但是你们不必对他的健康情形惊慌。过去 6 年以来，他一直都保持着这种样子，在这段日子里，我每天都和他见面。我希望能利用这次你们与他共处的机会，让他的性情变得坚强些，至少我确信，在一种正常的生活和照料之下，他的生命会和其他任何人一样，能够持久。

与姐姐的重聚让肖邦感到欢欣鼓舞，9 月，姐姐离开了诺昂后，他给姐姐写了一封信：

> 每当我走进房间时，总是非常仔细地察看，看是否还有你留下来的值得回忆的事情。我在你休息的地方找到一些回忆，可惜我们只是曾在那儿喝过巧克力奶……更多的回忆留在我的房间，桌上放着你的刺绣——一双拖鞋；在钢琴上，我发现了一支本来夹在

你的记事本中的小铅笔，我发现它是最有用处的一件
东西。

在 10 月，他又给姐姐写了一封信，信中说明了他在诺
昂的生活情形。但是这封信中也暗示了他对乔治·桑的儿子
莫里斯的不满。

莫里斯已长大，成为一个对生活环境有了自己的见解和
批评，并且意志很坚定的男人。虽然肖邦与莫里斯之间的关
系不太融洽，但他仍相信自己能获得乔治·桑的支持。尽管
很多人认为乔治·桑在这一时期所写的小说《弗洛瑞亚妮》
是以自己和肖邦为主角，对她在诺昂日益不协调的生活所作
的一种寓言式的描写，但从他们的信件中，找不到任何感情
逐渐淡薄的迹象。

1845 年，肖邦的健康情形继续恶化，与莫里斯间的紧
张关系也显著升高，但大体上日子仍然像往常一样，继续过
着。但是乔治·桑和索朗日之间的矛盾日益明显。第二年春
天，乔治·桑的远亲奥古斯丁来到这个家庭，她支持莫里斯
打击肖邦。后来乔治·桑正式收她为养女，但并不能缓和这
种紧张关系。

莫里斯不愿接受肖邦友谊性的馈赠，并且对肖邦控制及
左右乔治·桑的行为表示愤怒。在后来几年，他还发表了一
些关于肖邦和乔治·桑的匿名信，故意歪曲他们真挚感情的
本质，但是效果并不显著。

索朗日已经 16 岁，她比较同情肖邦，并且不喜欢奥古斯丁，她常常数落奥古斯丁的卑微出身。所以在这场家庭冲突中，莫里斯和奥古斯丁联合起来对抗肖邦和索朗日。乔治·桑左右为难，很不自在地处在矛盾中。最初，她保持中立，但在莫里斯的煽动和圈套设计下，乔治·桑逐渐偏向于莫里斯一方。

最早的一场冲突是在 1845 年的夏天。莫里斯和奥古斯丁鼓动家中的其他仆人联合起来反对肖邦的波兰籍仆人——这是他唯一能用本国语言交谈的人。在一场喧嚣骚动后，痛苦的肖邦只好辞退了他的波兰籍仆人。

恋曲结束

肖邦和乔治·桑不一致的哲学观在日益增长的家庭矛盾中日渐加深，也渐渐不能容纳对方了。例如，肖邦相信贵族阶级有统御的权力，并对罗马教会及其教义持一种无异议的接受态度。但乔治·桑的看法则完全不同，她同情平民，关心社会问题，她希望民主的范围更大，在此范围下，每一个人都有相等的权利。她也拥护宗教自由。在这些观念之下，她当然成为了当时的许多改革者的典型，而她的信仰也渐渐发生了变化。

乔治·桑是热切关心社会问题的时代女性，肖邦则仍生活在传统思想里，传统的社会架构有两个不可移动的部分——统治阶级和仆人。这种态度的分歧破坏了肖邦和乔治·桑间原本牢不可分的关系，在诺昂的冲突气氛越来越无法平息。最真实的事情是，1845年整个夏天，肖邦没有谱出一个音符，直到秋天，他回到巴黎后，情况才有所改善，他开始创作三首重要作品——《船夫歌》《幻想波兰舞曲》，以及供大提琴及钢琴演奏的《大提琴奏鸣曲》，这些作品是为法郎哥曼所作。

1846年，乔治·桑出版了《弗洛瑞亚妮》。早先的谣言立刻被人们证实。虽然后来乔治·桑曾极力否认，但是这部小说的确是她与肖邦之间真实关系的一个脆弱改装。这本小说费时两年，所以想弄清楚这种影射的开始，是一件不可能的事。但是肖邦和乔治·桑之间日益疏远的事在她所著的这本小说的字里行间，很尖锐地反映出来了。

小说的主人公是卡洛尔王子，他是一位柔弱而清纯的艺术家，他日益增加的嫉妒心和与众不同的处世哲学态度，最终让他杀了女主角弗洛瑞亚妮，她是一位不再年轻的女演员。小说中有很多细节描写让人不得不联系到肖邦与她的故事，例如卡洛尔王子比弗洛瑞亚妮年轻6岁，年龄上的差距正好和肖邦及乔治·桑之间的差距相同；卡洛尔王子被塑成一个有幻觉的人，这点令人回想起在马约卡岛时的肖邦；弗洛瑞亚妮被刻画成了一个生活经验丰富的女人，有一大群过气的恋人，她毫不在意卡洛尔王子在宗教上的顾忌，并且追求社交自由；而弗洛瑞亚妮的儿子更是莫里斯的一个翻版……更有说服力的是，这本小说中的很多章节后来几乎被乔治·桑自传所引述——特别是在小说中，许多描述卡洛尔王子的情形，后来都被用来描述肖邦。

李斯特也曾在他的自传中引用了这部小说中的几处情节描述肖邦。可见，不管乔治·桑如何否认，他们的朋友们都已经很明白地看出了这本书与实际生活的关联性。不知道当时肖邦是否已察觉到自己与书中的卡洛尔王子雷同，但是表面上看，他似乎并未受这本小说的骚扰或冒犯。

1846 年 3 月到 1847 年夏末，在乔治·桑家中发生了几件不可思议的事情，这些事情导致了肖邦和乔治·桑间的决裂。

1846 年 6 月，肖邦和莫里斯发生了争执，这次，乔治·桑站在了儿子一方。乔治·桑的背叛让肖邦震惊，他无法接受这个事实。

乔治·桑也误解了肖邦的心情，9 月时，她写道："他紧张的情绪已经平静下来，他已经做出了让步，他的性格变得更安稳、更平衡了。"事实上，肖邦一点都不平静，他很勉强地使自己接受了乔治·桑支持儿子莫里斯的这个事实。早些年，他们之间共处的那段如梦般的日子已经无可挽回地失去了。

在 10 月 11 日，他写信给家人。从这封信上能看出肖邦曾经历过一场心灵上的挣扎。信中谈论了他过去在诺昂的美好时光、生活琐事，甚至还热心地谈论刚在柏林被发现的海王星；尽管他努力想掩饰自己的痛苦，但是我们仍然能从这封信的语调上，感觉出他的不平静：

> 在这儿的整个夏天，我的时间都消磨在各种不同的活动上，比如去一个不知名的山谷远足。我不觉得愉快，因为这些活动带给我的疲倦远超过它们对我的价值。我感到如此厌倦沮丧，所以也影响了别人的心情。我想，如果没有我在一起的话，这些年轻人，会觉得事情更有趣。
>
> 我想要在我的信中多报告些好消息，但是我一个也不知道，我只知道我爱你们，很爱你们。我游玩了一阵子，我写了一阵。有时我对我的大小提琴奏鸣曲感到满意，有时则不满意，我就把它们推到角落里，然后重新起稿……人们在做某件事时，都希望有好结果，否则也不会去做它。但是无论是被摒弃还是被接受，都要到最后才能揭晓。时间是最佳的监察者，也是最有耐心的一位优良教师。

在夏季快要过去时，18 岁的索朗日和德·普雷奥尔订婚了，他是一个出身良好、品行绝佳的年轻人。但是第二年 2 月，出现了一位新的追求者克雷辛格，他曾是军人，现在是一个刻苦成功的雕塑家，他给索朗日塑造了一个美丽的雕像，并热烈地追求她，鼓励她私奔。索朗日在婚礼的最后一刻拒绝嫁给德·普雷奥尔，5月时便与克雷辛格闪电结婚了。

肖邦一直被蒙在鼓里，直到他们结婚，他才知道，而肖邦在巴黎社交界的朋友们却早已知道了这些事情。

虽然肖邦对索朗日嫁给克雷辛格的事感到恼怒，但他不能有所表示，他病得很厉害，以至于无法介入这件事情。

索朗日无论做什么事，总是表现得很自私，6月，奥古斯丁和莫里斯的一个朋友订婚了，而此时，索朗日发现克雷辛格并不是她所期望的那种理想的丈夫；一想到奥古斯丁享受了一种她所享受不到的幸福生活时，她简直不能忍受。于是她引发了一场大风暴，这场风暴让处在这场家族式的仇恨、争执、夙怨中的肖邦感到尴尬万分。

索朗日捏造了一连串的谎言，诽谤诋毁奥古斯丁的名誉，乔治·桑训诫了她一番，但是索朗日在仇恨和复仇心的作祟下，居然指控她的母亲和莫里斯的一些朋友们有染，而且冲突中，克雷辛格还打了乔治·桑一拳。莫里斯从荷兰赶回来，但他想不出解决办法，他想要杀死克雷辛格，最后被乔治·桑劝阻了。发生了这些事情后，克雷辛格和索朗日被逐出了家门。这个家庭已经不可能再恢复以前的样子了。

索朗日给在巴黎的肖邦写了一封信，歪曲了事件的真实情形，并且要借肖邦的马车。天真的肖邦对事情的真实性很少有怀疑，他回复："听说你生病后，我很担心。我立刻把马车借你使用，并已把这件事情的影响，写信告诉了你的母亲。"乔治·桑对肖邦的想法感到愤怒——肖邦居然和索朗日站在同一条战线上反对她。因此，她写了一封措辞严厉的信给肖邦。

这件事对肖邦和乔治·桑造成的伤害和侮辱是不可挽回的。后来乔治·桑曾努力想澄清事实，但是肖邦仍然宁愿相信索朗日的话，也不相信乔治·桑。

1848 年 3 月，肖邦和乔治·桑最后一次见面，但是这次见面只不过限于礼貌性的交谈，他们并未尝试把过去两人所遭受的伤害忘怀或加以弥补。

即使他们之间发生了一连串不愉快的事，并最终决裂，但是肖邦永远无法忘记乔治·桑。肖邦在他的日记本里保留了乔治·桑的一束头发，直到去世。

在英国的日子

动荡社会之音

　　在诺昂所遭遇的一切使得肖邦在身体和精神上都很疲乏困顿。

　　1846 年夏天，他完成了创新的《幻想波兰舞曲》以及《船夫歌》后，只作了一些无意义的作品。1847 年，他只完成了一首歌曲，这首歌的歌词是克劳辛斯基伯爵所作，他是诗人密茨凯维支的朋友，同时也是一个诗人，他那种神秘的信仰和逆来顺受的宿命论，似乎和肖邦所经历过的那种幽暗抑郁的世界相吻合。这首歌曲虽然在这种沮丧的心情下作成，却成为最鼓舞人心，最能表现他在艺术上完美成就的一首波兰歌曲。这首歌曲和那首《B 小调钢琴奏鸣曲》一样，都是在一种类似的情绪背景下完成的；这种情形更加深了人们的一种印象——成熟的肖邦已经了解到如何控制自己的感情。他的作品不再直接受到环境影响，而是经过了净化的。

　　这首歌曲中表现出的肖邦的音乐形象是那么的精致细腻，开始部分是温暖舒适的大调音调，慢慢转换成一种抑郁的叫喊。歌词是：

　　他们从这些山丘之上，携带这些梦魇般的十字架；
他们从老远的地方，望见了天堂。在光芒的照射下，
他们的族人正在山谷中，背负着重物；虽然他们之中
有些人，无法进入这些空间，但是他们看见了耀眼的
光芒。他们为了追求生活上的舒适，永远不会坐下来，
甚至不理会是否已被人遗忘。

　　原稿下落不明，但是有说法说肖邦曾经增加了一些歌词，
这也许正是探索当时肖邦情感创伤的一条最佳线索："世界
上再也没有一种悲哀，比在痛苦中回忆过去的幸福日子更大
的了。"

　　这首歌曲是他的最后一首作品。

　　1846 年夏天，是肖邦在诺昂度过的最后一个夏天。第
二年夏天，肖邦因为病得太重，没有离开巴黎。

　　1848 年 2 月 16 日，星期三，肖邦在普莱尔的沙龙举行
了一场音乐会。这个地方似乎与他特别有缘，大约 20 年前，
他也是在这个舞台上开了一场演奏会。这次演奏会是他在巴
黎，最后一次以一个钢琴演奏家的身份出现，与他一起演奏
的有法朗哥曼，以及小提琴演奏家阿拉达，他是巴黎音乐学
院的一位教授。他演奏了一支莫扎特的三重奏曲（E 大调），
以及他那首新的大提琴奏鸣曲的最后三乐章。在独奏部分，
他所演奏的都是温柔、含蓄的时髦作品：《摇篮曲》《船歌》，
还有一首夜曲，以及一些玛祖卡舞曲、华尔兹舞曲、前奏曲

以及练习曲。肖邦当天显得非常脆弱，参加他这次演奏会的权贵人物比较少，哈雷是其中之一，他在自传中说明了肖邦是如何演奏那首《船歌》的："当需要使用最大精力时，钢琴中却出现了相反的声调，但是这种美妙的、不同的音调，却让人怀疑，这种新的曲调是不是比我们所习惯的还要来得美好？"

肖邦没有因观众的热烈反应而高兴。在这场音乐会举行的前几天，他给家人写的一封信上表露了他当时的心情：

> ……我的思绪都被音乐会所占据，这场音乐会将在这个月的16日举行。有一天早晨，我的朋友们跑来对我说，他们要为我举办一场音乐演奏会，我不需要担心任何事情，只要坐下来演奏即可。所有的入场券在一个星期之内销售一空，并且每张门票的售价是20法郎，观众们甚至还联名要求我举行第二场音乐演奏会，这点我还没有考虑。宫廷方面也订购了40张门票。当报纸上登出也许我会举行一场音乐演奏会的消息时，人们特地从布雷斯特以及南特写信给我的出版商，要求为他们保留座位。我对这种热情感到震惊，凭良心说，我知道我现在的演奏比从前更糟。

音乐会结束几天后，巴黎爆发了另一场革命，这场革命就是所谓的"二月革命"。起因是人民对菲利普一世滑稽式的统治极度不满。

1846 到 1847 年间，法国发生了经济危机，虽然危机产生的原因主要是收成不好，与执政当局没有直接关系，但是平民的不满情绪却达到了顶点，终于爆发了革命。这场"二月革命"结束了菲利普一世的政治生涯，开创了"第二共和"的新局面。

"第二共和"于 1852 年结束，原先已被捕入狱的路易·拿破仑·波拿巴建立了法兰西第二帝国。1852 年 11 月，路易·拿破仑称帝，即拿破仑三世。他遵循他那著名的叔叔拿破仑以及被他自己所铲除的菲利普一世的老路，以集权方式治理法国。

"二月革命"造成了戏剧性的结局。贝里欧兹在他的回忆录中，很生动地进行了描写：

> 巴黎人正忙着埋葬尸体。曾经被用来建造防御工事的铺路材料，已经被替换了。人们又把它挖出来，也许明天还能用得着。我来到这里，就直接去了圣·安东尼郊区。在那里我看到了一幅满目疮痍的景象，甚至连巴士底狱圆柱顶端，象征着自由精神的女神身上都有一颗子弹。树木被砍伤、被打倒，房子被炸坏了，广场、街道、码头——每一件事物好像都仍然在令人震惊的血腥的混乱下颤动着。
>
> 如此一个疯狂暴怒的时代，大屠杀的环境中，谁

还会想到艺术？剧院关门了，艺术家破产了，教师失业、学生四散；钢琴演奏家们沦落到在街道的角落里演奏奏鸣曲，画家们清扫着阴沟，建筑师们在为公共建筑物涂灰泥。

在所有的艺术家中，境遇最困难的要算音乐家了。一位在剧院表演中得第一的小提琴手，如果通过教书每年能赚 900 法郎的话，已经很幸运了。但是现在很难保证他还能有这么多收入，因为他们的学生都走了。真不知道这些人的命运将会如何呢？

昂贵的伦敦之旅

肖邦心目中的理想社会已不存在，他的学生们也像其他人一样四散了，社会产生了一种新秩序、新价值观。乔治·桑曾热切盼望的理想，已经实现了。这时肖邦接受了一位苏格兰学生简·斯特林的邀请去苏格兰拜访她及她的姐姐厄斯凯恩太太。他曾经很严肃地考虑过，自己这样的健康情形是否适合这种旅行，但他很快便下定了决心。他收拾好行李，坐船渡过了汹涌的英吉利海峡，在 1848 年 4 月 20 日下午 6 点抵达了朴次茅斯。经过短暂休息后，第二天他抵达了伦敦，那天是星期五，他受到简·斯特林和她姐姐的欢迎。几天后，他租下了位于多佛街 48 号的一所设备豪华的公寓。他的书房很大,大到足够摆放下三架巨型钢琴。有许多人拜他为师,但他渐渐发现,许多业余的学生只不过想声称自己是肖邦的学生,并非想进一步发展他们的音乐天赋。

他一堂课收取 1 英镑的学费,因为他所租的房子每个月需要 40 英镑的费用,昂贵的生活费令他担忧,但是简·斯特林是他最忠心耿耿的,甚至有点热心过度的学生,她了解他的处境,时常资助他,但后来,她让人窒息的慷慨剥夺了轻松的气氛,而肖邦所需要的正是这种轻松的气氛。

肖邦当时的健康状况很不佳,但他仍打起精神去看歌剧。肖邦花了 2.5 英镑去听珍妮·林德所唱的贝里尼歌剧。后来他们还见了一面,肖邦对她的称赞是"一个典型的瑞典人,她身上散发的不是一种普通光芒,而是像北极星一样的亮光。"除了听歌剧,他也努力周旋于伦敦贵族的社交应酬中,但他不太适合这种事情。

我们能够从肖邦写的信件中,看出这座城市生动鲜明的气氛留给他的深刻印象,也能感受到他对新环境的兴奋。他这种心情就如同初抵巴黎的头几年。5 月 6 日,他给他的学生写信:

　　所有的巴黎钢琴演奏家都来到这里。普鲁登和爱乐社合作的音乐会不太成功,因为这里需要的是古典音乐。索尔柏格在林德所表演的那家歌剧院,订了 12 场音乐演奏会的演出合同。哈雷将演奏门德尔松的作品……

　　门德尔松是 1847 年 11 月去世的，伦敦因此充满了感伤的气氛，门德尔松是唯——位受英国大众如此欢迎和敬重的外国作曲家。他的名望并不局限于某些阶层，几乎能与维多利亚女王等量齐观。他的乐曲不仅在"朱丽安的逍遥音乐会中"胜出，而且在有影响力、有威望的"爱乐协会"的节目中同样显得突出。

　　爱乐协会是当时英国最重要的音乐社团。他们邀请肖邦出席一场音乐演奏会，这对肖邦来说是一项非凡的荣誉，但是肖邦却婉谢了。此举招来了许多批评。《伦敦时报》的大卫逊——门德尔松的狂热支持者之一，也是一位令人敬畏的作家，他对这种"侮辱"极感不满。但肖邦似乎并不关心这件事，他给葛兹马拉写了一封信：

　　　　后天，萨瑟兰女公爵将会把我推荐给女王，女王将因为一项命名仪式到这里访问。如果女王能了解并喜欢我的作品的话，那该多好，这样我就能够在高处被人歌颂。

　　　　爱乐协会曾邀请过我，可我不想在那儿演奏，因为我不想和管弦乐团一起演奏。我曾在那儿看过普鲁登演奏他的协奏曲，演出很失败。在那里只适合演奏贝多芬、莫扎特或门德尔松的作品。虽然有人告诉我，我的协奏曲已在那儿演奏过，并且很成功，但我不想尝试，因为很可能会一无是处。管弦乐团就像他们的烤牛肉或他们的甲鱼汤——杰出、强壮有力，除此之外什么也没有，我所说的不是借口。

还有一件不可思议的事：他们从不彩排，因为现在每个人的光阴都非常宝贵。

肖邦在萨瑟兰女公爵的寓所被推荐给维多利亚女王及女王的丈夫。在那里，她的女儿跟着肖邦上课。

即使他的演奏非常成功，但实际上他从未在王宫里为维多利亚女王演奏过。但是却有很多谣言，甚至说女王已经成了肖邦的学生。8月19日，肖邦给家人写信，这封足有三页的信中充满了肖邦对爱丁堡的看法，以及一些场合留给他的印象：

一天，萨瑟兰女公爵邀请女王参加晚宴，当晚只有80位宾客，全都是伦敦上流社会的翘楚。除了普鲁士王子及王室家族外，都是一些像老威灵顿之类的人物。女公爵把我引见给女王，她和蔼可亲，并与我交谈了两次；王子是位热情洋溢的业余音乐家及作曲家，他曾走到钢琴边。

萨瑟兰女公爵的府邸实在太豪华了，我都不知道该如何形容，所有的王宫及城堡都是古老、金碧辉煌的。那些楼梯就因它们的庄严壮观而著名。它们不在出入口，也不在通道上，而是在房间的正中央，让人感觉好像置身于庄严的图画中一样。另外，巨大的厅堂中还有雕像、画廊、悬挂物，还有地毯，它们都是用最可爱的透视法设计出最可爱的景物。

在这些楼梯上，华丽的灯光下，能清楚地看见女王，她被戴着各色钻戒、穿着各色丝质衣衫的人包围着。出身高贵的高雅人士相互交谈着，每个角落都能找到让人赞叹的新奇事物。让人遗憾的是，如果保罗·维洛内塞（意大利画家）能看到这样的景观，那他一定能画出一幅更伟大的作品。

这个时期，教学和在贵族家中演奏是肖邦的收入来源，他每演奏一场，收入 20 英镑，而且这些场合中，他不但能遇到贵族，还能遇见狄更斯、卡莱尔等这样的知名人士。为了支付昂贵的生活费用，他几乎被迫接受任何邀约。

6 月 23 日和 7 月 7 日安排了两场私人性质的音乐演奏会，每张门票 1 英镑，他赚了大约 300 英镑。第一场音乐演奏会在亚德莱·萨托里斯夫人家中举行，她是著名演员查尔斯·坎波的女儿。第二场在詹姆斯广场街二号，福尔摩斯爵士的伦敦大厦演奏。这两场音乐会中，肖邦演奏的节目是相同的，其中有《第二谐谑曲》《摇篮曲》及其他各种乐曲。保林·凡多特在第二场演奏会中演唱了一些肖邦的玛祖卡舞曲。《伦敦每日新闻》7月10日发表评论说：

> 他成功地表达了乐曲中最艰深的部分。他用纯熟的技巧沉静、平顺地演奏。他运用精湛的演奏技巧表达出了精致高雅、成熟、圆润、快速、节奏感明畅的乐曲。更有特色的是他的音乐流露着自由思想及浪漫的抑郁感，这些似乎是这位艺术家心灵的自然表现。

孤独而热闹的夏季

欧洲各地都爆发了革命，这让每年一度的欧洲大陆旅游度假难以成行。贵族们遵循王室家族的例子，纷纷来到苏格兰。刚巧7月正是狩猎季节的开始，这项刺激性的活动使苏格兰显得格外吸引人。肖邦也决定赶时髦，而且他还有一个特别好的向导简·斯特林，虽然她有时太过殷勤。

7月17日，肖邦给葛兹马拉写信说：

> 我的苏格兰女士们非常和蔼可亲，但有时和气得惹人烦，让我不知如何是好。她们坚持要我到她们苏格兰的家中，这本是好事，但最近我实在没心情。她们无论做什么事，如果不感到烦的话，似乎就不像是

在英国。

简·斯特林的姐夫——托芬奇爵士邀请肖邦去度假，8
月初，肖邦搭火车经过伯明翰和卡里索前往爱丁堡。12 个
小时后，到达了爱丁堡，这是一座精致的城市，肖邦在那里
休息了一段时间，便坐上一辆特别为他准备的马车前往托芬
奇爵士的住所考德尔公馆。

8 月 19 日，肖邦给家人写了一封信，描述了他初次看
见这所房子的感想：

> 这是一座四周都有广大庭园的古老庄园，庭园里
> 长满了古老的树木；你只能看见草坪、树木、山和天空。
> 围墙厚达 8 英尺；每边都有画廊，黑暗的走道两旁挂
> 满了古代画像，画有各种不同色彩、不同服装的苏格
> 兰人。他们有的穿着铁甲，有些穿着长袍，每一幅画
> 都充满丰富的想象力，甚至还有一些我从未见过的鬼
> 魂。昨天我曾仔细看过所有的画像，但我还是找不出
> 一幅描绘这座城堡的。
>
> 我住的房间也很好，我想要的每件东西都会立刻
> 出现，就连巴黎的报纸也每天送过来，这里平静、安
> 详而舒适……

虽然肖邦很喜欢度假，但他仍然觉得必须举行演奏会，

同一封信中，他又这样写道：

　　……他们让我在爱丁堡举行演奏会，如果身体允许的话，我很乐意这么做，因为举行演奏会，既能让我获益，又能打发这个冬天。和往常一样，我过得很舒适，不知道如何使收支平衡。许多人留我在伦敦过冬，却不考虑这里冬天的气候。我想要做些事情，但却不知道到底想做什么。我会在10月作决定，根据我的健康和荷包的情况而定，因为荷包里多放一个英镑，并不是什么坏事。

　　如果伦敦没有这么阴暗、拥挤、多雾，还充满着煤烟臭味的话，我现在早已学会了英文，这些英国人和法国人不一样，和他们一起，我变得更孤独，因为他们想到的只是钞票。他们喜欢艺术的原因是它是一样奢侈品。他们心肠仁慈，行为却很古怪，我都很奇怪为什么在这儿长大的人如此刻板，就像一部机器。如果我再年轻些的话，也许我会来这儿过这种机械似的生活，去各处举行音乐演奏会，在音乐事业上取得成功，赚更多的钱，但是现在我实在很难让自己成为一部机器。

　　今天这里的天气很好，乏味无聊的事情也没有找到我，花园中有盏很漂亮的灯，我忘了一切俗事，我很愉快，并且不再去想冬天，直到必须想的时候。

8 月 26 日，他到了曼彻斯特。28 日那天，那里举行了一场"绅士的音乐演奏会"。

1848 年的曼彻斯特是座欣欣向荣的城市，是工业革命的顶尖城市之一，也是政治上的改革中心之一，但是缺乏爱丁堡那样的文化气息。肖邦发现曼彻斯特甚至比伦敦更阴暗，煤烟臭味更重。但是他很幸运地住在了这座城市的郊区——索尔斯·舒怀伯的克兰波索屋，索尔斯是位富有的制造者，还是一位艺术赞助者，现在克兰波索屋已不存在了。1930 年，被一座宅院所取代。

在曼彻斯特举行的这场音乐演奏会中，肖邦的钢琴独奏曲被零星点缀在流行曲和罗西尼、威尔第、贝里尼等人所作的管弦乐曲之间演奏。

当时正是最适合享乐的夏季，但肖邦对他的生活情形并不满意，在 8 月 18 日，他给伦敦的朱利安·方塔那写的信中透露了当时的困苦与悲伤：

> 我们是两把破旧的琴，被时间和环境摧残之后，只能演奏出毁坏了的顿音。一点不错，就是两把破旧的琴。即使你受到保护也只表示你不会受到美丽的毁谤、尊严的轻视或非难。
>
> 演奏的始末是完整的，但是琴上的弦已经折断，琴上的一些木钉也不见了。我们是庆典场合中的创造者，即使著名的小提琴制造家斯特拉第瓦也修补不了

我们。我们不能产生出新的声音，变得僵硬了，没有人能给我们提供任何东西，这里缺乏修补专家。我几乎无法呼吸，我准备放弃这个魔鬼……我活得好像植物，耐心等待着冬天的降临，一会儿梦到家，一会儿想到罗马，既欢乐又忧伤。

从曼彻斯特回到爱丁堡，肖邦在一位波兰医生家住了一阵子，简·斯特林努力让肖邦生活得舒适安逸。当她尝试重新为肖邦创造诺昂的一些气氛时，肖邦却开始觉得由她做伴太压抑：

我变得乖戾、沮丧，人们对我过度的注意让我觉得厌烦。我无法呼吸、不能作曲，虽然他们包围着我，但我仍感到孤独。孤独，孤独……他们是一群可爱的人，对我和蔼体贴。这儿有很多女士及七八十岁的老贵族，但是没有年轻人。他们不能打猎，我不能到户外去，因为几天来，外面一直在下雨刮风。

玛西莉娜公主是雷兹威尔家族的一员，拜访她时，肖邦获得了一次纾解的机会，肖邦说："在他们的波兰精神的润泽下，我复原了一些，他们给了我在格拉斯哥演奏时的气力。许多高贵的人们都聚集而来，听我演奏。天气很好，王子和公主从爱丁堡乘火车前来。"

9月27日,格拉斯哥音乐演奏会在"商人音乐厅"举行,该场音乐演奏会中,肖邦演奏的都是一些较不吃力的乐曲,虽然他也演奏了《第二叙事曲》,但毫无疑问,他把其中比较困难的部分删除了。接下来,肖邦来到了距施特林很近的基尔屋。10月1日,在给葛兹马拉的一封信中,他这样写道:

> 西伯斯夏的周日没有邮局,没有火车,没有马车,没有一艘船,甚至连一只狗也没有。

这封信中,他继续一会儿幽默,一会儿绝望地写道:

> ……未来的发展情形很糟糕,我更虚弱了,我作不了任何曲子。没有创作欲望,这比身体不适更可怕……从早上一直到下午两点,我都无所事事。然后当我穿衣时,每件事情都让我紧张,我一直喘气到晚餐时。我必须和这些人一起坐在餐桌旁,看着他们,和他们谈话,听他们说话。
>
> 我感到厌烦,我想一件事的时候他们想的却是另一件,于是我回到书房,在这里,我才能集中精神,感到有些气力。……然后我的好但以理(但以理是旧约圣经上记载的希伯来先知,因对神极其效忠,所以被困在狮窟也没有受到伤害)引导我回到卧房,脱衣,上床,熄灯。我能自由呼吸和做梦,第二天,同样的

事情又开始了。当我渐渐习惯这种生活时又要到别处去。我的苏格兰女士们不让我安静，要么她们来接我，要么我走马灯似的到她们家里去。她们的礼貌让我窒息，但出于礼貌，我又不能拒绝。

10月4日，肖邦在爱丁堡举行了一场夜间演奏会，这场演奏会是按照"李斯特模式"举行的，这种方式在当时很不寻常。所谓的"李斯特模式"是由一个音乐家负责所有的节目，而不是按照当时的习俗由一位声乐家从旁协助。

难熬的冬天

冬天的气息渐近。肖邦到汉密尔顿公爵夫妇豪华的汉密尔顿王宫做了几天客，在回爱丁堡的途中，受了风寒，这让他的身体更虚弱了，他发现自己所过的日子刺激兴奋，又太殷勤有礼，以至于他身心感到窒息。10月21日那天，他给葛兹马拉写了封信，这封信中，他对英国贵族及他们的社交生活，给予了一种充满轻蔑意味的讽刺：

> 在这里，艺术就是画图、雕刻和建筑。音乐不被人们称之为艺术，如果你提到一位艺术家，那英国人立刻会认为你所说的是一位画家、建筑家或雕刻家。

音乐只是一门行业，并非一项艺术，没有人会把音乐家冠以艺术家的名称，因为在他们的语言及风俗习惯中，音乐是艺术之外的另一件事。如果问英国人，他们会说这种情形是音乐家的过失，他们不尝试突破，只演奏些古怪的民谣，为一些附庸风雅的人演奏。如果你教他们一些新的演奏方法，又会被当作是笑话。我曾到一位在此地被视为伟大音乐家的女士的城堡里住过几天。

有一天，我和其他的苏格兰女士们分别演奏及演唱完全不同的歌曲后，他们带来一种手风琴。她开始以一种最庄重严肃的态度用手风琴演奏出了最凶暴残忍的曲调。但是又能怎么样呢？

在我看来，这里的每个人好像都有毛病，还有一位女士给我看她的纪念册，并对我说："女王也在里面，我就在她旁边。站在第三个的是玛丽·斯图尔特的第十三位侄女。"另一位女士为了标新立异，特意站着演唱，并自己弹钢琴伴奏，她唱了一首英法混合的浪漫歌曲。

欣赏我作品的人要求我演奏我的第二首曲子，因为他喜欢这种乐声。每个人听完后都说："节奏像流水一样。"我每次在英国女人面前演奏，她们总是对我说："节奏像流水一样！"她们演奏时，专注地望着我的双手，用很大的感情演奏出错误的节拍。古怪的一群人，上帝帮助她们吧！

10 月 31 日，肖邦终于回到了伦敦，在詹姆斯王宫街四号租了一间暂时性的寓所。11 月时，他给葛兹马拉写了两封信，这两封信描述了他忧愁黯淡的处境：

自从抵达伦敦到现在，18 天过去了，我一直在生病，我一步都没有离开这间房子，我得了严重的感冒，头疼得厉害，呼吸短促。总之，很多恶劣的症状发生了。以前我不介意任何事情，也从不诅咒任何人，但现在我感到生活如此难以忍受。我忽然觉得如果能够诅咒乔治·桑的话，日子或许会好过些。但是我知道她也在受苦，而且一定比我还痛苦，因为愤怒会让她变得苍老。

我那和蔼的苏格兰女士们再次让我感到厌烦。厄尔斯金太太是位非常虔诚的新教徒，情操高尚，也许她希望我能成为一位新教徒，她给我圣经，和我谈论灵魂的问题，并为我唱赞美诗。她很虔诚，也很可怜，她好像很关心我的灵魂，她一直告诉我，另外一个世界比这个世界更美好，我衷心地了解这一切，并且引用圣经里的话来回答她，向她解释，我很谅解，并且能了解所有的这些事情。

如果我身体健康的话，我会舒舒服服地在此地生

活，但我很虚弱。在三个月或四个月后，我将耗尽现
有的一切。

11 月 16 日，在伦敦市政厅的大厅堂里，肖邦举行了他
一生中的最后一场音乐演奏会。这场音乐演奏会的举办目的
是帮助那些波兰难民。他因为身体不适，所以只演奏了一个
小时。这次公开演出让他觉得自己再次和流亡的波兰志士们
心连心了；但是肖邦的爱国形象却完全被人们忽视，他向演
奏会的舞台告别时，群众没有为他举行任何仪式，也未曾向
他喝彩。

在报道这场音乐会的人看来，他根本算不了什么，甚至
连"肖邦先生"这种头衔也没有。这是多年前，他非常勇敢
地在维也纳为他的名望奋斗时，人们给他的头衔。

葬礼进行曲

接受救济的生活

1848 年 11 月 23 日，肖邦离开了"地狱式的伦敦"，回到巴黎，这时，他身上已明显表现出了早些年夺走他小妹妹艾米莉亚的肺痨病的症状。在当时，这种病根本没法治愈。肖邦只是偶尔显出往昔的生气，但是这个情况越来越罕见。

他已没有太多精力作曲，1848 年中，他只做了几首模仿波兰钢琴曲的新作，其中有一首叫《春天》。10 月的时候，他作了一首短的圆舞曲，送给了简·斯特林的姐姐。他也曾想努力写一本有关钢琴使用方法的书，但是进度缓慢，最后没能成书，所以他这些艺术上和技术上的秘密也就随着他的消逝而失传了。

1849 年春天，肖邦搬到了巴黎近郊恰洛，他希望那里的空气对他的身体有所帮助。他说："春天的阳光是我最好的医生。"但是后来他自己不得不承认，巴黎的气候对他的健康而言是很可怕的："天气多变，尘土很多，房间里的湿气很重。"这时还有一个困扰他的问题，那就是金钱。过去他认为没有存钱的必要，虽然他现在有几个学生，但却没法教他们，所以学生都离开他，去找住在附近的另一位伟大的演奏家兼作曲家。自从 1847 年 10 月出版了《大提琴奏鸣曲》以来，他再也没有出版过乐曲，治疗费用已耗尽了他最后的财产。

5 月，他遇到了一次危机，一些手稿被烧毁。幸亏罗齐埃尔前来解救他，这是他在巴黎的第一位赞助者。3 月的时候，简·斯特林曾以匿名的方式给他寄了 25000 法郎，但很不幸的是，这钱被肖邦的看门人拿去了，直到 7 月底，简才知道肖邦没收到钱。后来这笔钱被找到了，起初肖邦拒绝收受这笔巨款，但是简·斯特林的姐姐厄尔斯金夫人想尽办法，说服肖邦接受了 15000 法郎。

最后的日子

同时，肖邦请求姐姐露易丝来探望他。8 月 8 日那天，露易丝在丈夫和女儿的陪伴下来到巴黎。她的丈夫不久便回到了华沙，因为他一直很嫉妒肖邦的名望和成就，所以他的这种做法倒也不令人意外。

他对肖邦的嫉妒和厌恶从一些小事上就能看出来。例如：肖邦 6 月写给姐姐的信被他扣留了，几个礼拜后，姐姐才看到这封信。他甚至拒绝支付到巴黎的旅行费用，最后露易丝在伊萨贝拉和她先生的协助下想尽办法，才存够了钱，但是这样一来，伊萨贝拉和她丈夫以及肖邦的母亲就不能前往巴黎探望肖邦了。

肖邦死后，露易丝在 1853 年的时候给她的丈夫写了一封 32 页的信，但是仍然没有写完，这封信没有被人提起过，直到 1968 年，才首次在华沙出版，引起了人们的注意，这是一封自言自语式的独白，也是一篇有价值的文献，其中表露了露易丝的立场和她先生的态度，信中所谈到的肖邦最后几个月的生活情形，更成了人们所关心的部分：

> 我从未对你说谎，你也说你是我最好的朋友，但是我知道你对我已失去了信心。亲爱的，希望你能听我对我之前所有的举动向你作一次最诚心的解释。你要相信，如同你从前那样，请你用良心对我作一番评断。如果你还对我有一份真挚的友谊，对我感到依恋的话，我希望这种告白能在我们两个之间保留……

> 我们来到巴黎，似乎给他（肖邦）带来了一种新生活。这些日子以来，我看见如此多的事情让你感到烦恼，但这些事情是不可能改变的。我常常看到你无法摆脱他（肖邦）的小小幻影和习惯。但是你得承认，你多少次生气，就因为我深更半夜仍坐在他的床边；又有多少次，你为了谴责他而让我没有足够的睡眠。我知道，你是因为关心我，怕我太劳累才生气的，但是你的做法让他非常痛苦，也给我带来了困扰。我愿

意照顾他，看护他，安慰他，我愿意为他忍受任何辛苦，只要能替他减轻一点点痛苦。他很可怜，总是喜欢谈天谈到半夜三更，向我倾诉他的麻烦，并把这些投入我充满爱与谅解的内心中……

弗里德里克和我谈话时，他总是担心钱不够，我让他放心，我告诉他，我会按自己良心的指令做事的，我会尽一切能力去帮助他的。实际上，这里的每个人都知道他没有负债。所有的人都崇拜他，并且知道他对我们的感情，以及我们对他的感情，他们认为我们最好把肖邦的物品保留下来，把它当作纪念品。运输费用并不昂贵，剩余的物品，我可以卖给他的朋友们。

9 月的时候，为了准备冬天的来临，他们在旺多姆路 12 号替肖邦找了一间新住所，这是一所房间很多、阳光充足的公寓。肖邦的一些朋友们前来探望他。

这一年终于要过去了。到 10 月，肖邦的健康情形急剧恶化，生命已经十分脆弱，12 日那天，他接受了天主教的送终仪式。1849 年 10 月 17 日清晨大约两点的时候，39 岁的肖邦离开了这个世界，陪伴在他身边的有露易丝、索朗日、古特曼和玛莉妮公主等。

人们的哀悼

肖邦的葬礼于 10 月 30 日在马德兰大教堂举行，这是一场非常著名的追悼会。依照肖邦生前的要求，由波琳娜·维亚多以及加斯特兰等人合唱莫扎特的《安魂曲》。典礼仪式壮观而感人，当天参加仪式的音乐家和贵族都想向他们这位穿着时髦，栩栩如生的朋友告别。

管弦乐团演奏了肖邦的《葬礼进行曲》以及《降 B 小调奏鸣曲》。仪式中，还用风琴演奏了他的《B 小调前奏曲》及《E 小调前奏曲》。

歌剧中的首席女主角梅耶比尔和亚当·捷托斯基王子领着长长的送葬队伍，四名护棺分别是亚历山大·查尔托里斯基王子、德拉克罗瓦、弗朗肖姆和古特曼。人们遵照肖邦的遗愿把他埋在了拉雪兹神父公墓。在回华沙的途中，露易丝遵照肖邦的遗愿带着有她弟弟的一颗心的骨灰缸，将其放置在圣十字架教堂中，这种做法是一种至高无上的象征。

一年后，索朗日的丈夫克雷辛格设计完成了一座纪念碑，

保存肖邦心脏的华沙的圣十字架教堂

矗立在了肖邦的墓园前。它是由一位哭泣的缪斯女神（希腊神话中的九位女神之一，管文学、艺术、科学等）和一把破碎的七弦琴组成的，简·斯特林把一盒波兰泥土撒在肖邦的坟墓四周。

《伦敦画刊》在 10 月 27 日的报道中说：

在这个音乐的时代，最伟大的名人之一，刚刚在巴黎停止了呼吸，人们永远地失去了肖邦。

他们还说：

他曾表现出的风格是钢琴中的"爱丽儿"（天王星的第一卫星），也是钢琴中的"普洛斯彼洛"（莎士比亚戏剧《暴风雨》中的人物，用魔咒在他和女儿居住的岛外掀起暴风雨，然后再招待难船上的罪犯）——他是一位万能的魔术师。他创造出来的乐曲流畅得像奔腾的激流，他的双手弹出了让人痛快淋

肖邦墓

漓的、栩栩如生的作品，在引人怜悯、欢欣的转换中，发挥了他的想象力。

　　肖邦的模仿者很多，但是没有继承者。他比他那个时代的任何作曲家更能了解、表达出那个时代的精神、气质、梦想、情感与忠贞不渝的爱国心。他的艺术修养使他充分了解了巴赫、莫扎特所遗留下来的作品的伟大之处。他与他们一样，是个天才，他的天赋在他的演奏中表露无遗。

　　肖邦不仅是一位作曲家和钢琴演奏家，他还是一位伟大的幻想艺术家和一位抒情诗人。他的音乐中所特有的波兰色彩已超越了狭窄的国界限制，流传于全世界。他的作品经受住了历史残酷的考验，时间更进一步地证明了他成就的伟大无边。